Learn German
Parallel Text
(Dual Language) - Bilingual
Easy, Funny Stories
English - German

Copyright © 2015
Polyglot Planet Publishing

book@paralleltext.eu

About this Book

Learning German with parallel text is the most rewarding and effective method to learn a language. Existing vocabulary is refreshed, while new vocabulary is instantly put into practice. The German grammar easily sinks in through our cleverly written and well formatted stories. No dictionary is needed!

Recommended for beginners-, intermediate level learners of German and as a refreshers course. It is so easy and enjoyable even absolute beginners with no prior knowledge can start learning.

Our eight easy, funny stories contain European culture and characters. The stories have been written to keep the readers attention and are fun to read for you to learn through your motivation.

Other Books

Learn German II - Parallel Text - Easy Stories
Learn German III - Parallel Text - Easy Stories
Learn German IV - Parallel Text - Easy Stories

Table Of Contents

Ein Abenteuer bei der Tomatina
An adventure at La Tomatina

Ich heiße Sean und bin 21 Jahre alt.
My name is Sean and I'm 21 years old.

Ich stamme aus New York, aber lebe seit sechs Monaten in Barcelona.
I am from New York, but for six months I have been living in Barcelona.

Ich studiere spanische Literatur und habe Glück, diese Erfahrung in Spanien genießen zu dürfen.
I study Spanish Literature and I'm very lucky to enjoy this experience in Spain.

Doch manchmal passieren verrückte und lustige Dinge, wie das, wovon ich euch heute berichten werde.
But sometimes crazy and funny things happen, like the one I'm going to tell to you about today.

Ich bin im März nach Spanien gekommen und wohne seitdem mit ein paar sehr netten Jungen und Mädchen in einer wunderschönen Wohnung mitten in Barcelona.
I arrived in Spain in March, and I have since been living with some very friendly boys and girls, sharing a beautiful apartment in the centre of Barcelona.

Es ist einfach toll, im Zentrum einer so schönen Stadt leben zu dürfen.
It is a pleasure to live in the centre of such a beautiful city.

Alles ist in der Nähe, sogar die Uni.
Everything is very close, even the university.

In der Wohnung lebe ich zusammen mit drei Mitbewohnern.
In this apartment I live with three roommates.

Sara kommt aus Sevilla, ist 26 Jahre alt und studiert
Architektur.
*Sara is from Seville; she's 26 years old and studies
architecture.*

José ist aus Barcelona, er ist 20 Jahre alt, studiert
Ingenieurwesen und liebt Fußball.
*José is from Barcelona; he's 20 years old, studies engineering
and loves football.*

Und schließlich ist da noch Andrea, ein Mädchen aus
Südfrankreich.
And finally, there is Andrea, a girl from the south of France.

Sie studiert Marketing und tanzt zudem Flamenco.
She studies advertising and is also a flamenco dancer.

Findet ihr nicht, dass sie unglaublich sind?
Don't you think that they are incredible?

Wir verstehen uns alle sehr gut, unser Zusammenleben ist
unkompliziert.
We get along very well and living with them works really well.

Kennt ihr Barcelona?
Do you know Barcelona?

Es ist eine der größten Städte Spaniens und liegt im
Nordosten des Landes direkt am Meer.
*It's one of the biggest cities in Spain and is located in the
Northeast area of the country by the sea.*

Deshalb hat Barcelona die Vorteile einer Großstadt (Diskos,
große Unis, Geschäfte zum Shoppen, Restaurants, Museen),
und noch dazu einen Strand.

It therefore has the advantages of a big city as well as being close to the beach.

Außerdem ist Barcelona von Bergen umgeben und liegt in der Nähe der Pyrenäen, den höchsten Bergen Spaniens, wo man den ganzen Winter bis ins Frühjahr hinein Ski fahren kann.
Also, Barcelona is surrounded by mountains and is very close to the Pyrenees, the highest mountains in Spain, where you can ski during the whole winter and part of the spring.

Ein Ort an dem man es aushalten kann, meint ihr nicht auch?
It is a place to stay, don't you agree?

Der Frühling verging schnell in Barcelona.
The spring passed quickly in Barcelona.

Tagsüber war ich sehr mit dem Studium beschäftigt und abends spielte ich mit José und seiner Mannschaft Fußball.
Throughout the day I was very busy studying and in the evenings I played football with José and his team.

In Spanien endet das Semester im Juni.
In Spain, the semester ends in June.

Ich hatte alle meine Prüfungen mit sehr guten Noten bestanden.
I passed all my exams with very good grades.

Jetzt lag der ganze Sommer vor mir, voller Pläne, ganz nah am Strand und mit vielen Freunden, mit denen ich meine Zeit verbringen konnte.
Now, I had the whole summer in front of me, full of plans, near the beach and with many friends to spend my time with.

Außerdem gibt es in Spanien im Sommer in jedem Dorf traditionelle und beliebte Feste, von denen ich schon gehört hatte, auch wenn viele mir seltsam vorkamen und ich manches nicht so richtig verstand.

Furthermore, in Spain, during the summer, in every village
there are traditional and popular parties that I have heard of,
but many of them were very strange to me and I didn't
understand them very well.

Eines Tages im Juli rief mich mein Freund José an und lud
mich ein, mit ihm auf ein Fest in einem Dorf in der Provinz
Valencia zu gehen, das im August stattfand.
My friend José called me one day in July and invited me to go
to a festival in a village near Valencia that was going to, held
in August.

Er sagte, dass es das größte Fest sein würde, das ich je in
meinem Leben besuchen und dass ich das nicht verpassen
dürfte.
He said that it would be the biggest festival that I would ever
go to in my life and that I couldn't miss it.

Ich fragte ihn: „Warum ist das Fest so spektakulär?"
I asked him: "Why is this festival so spectacular?"

Aber er ging nicht darauf ein.
But he...didn't say a word!

Er sagte nur, dass es wollte, dass es eine Überraschung für
mich war und dass er mir nur den Namen des Fests verraten
würde.
He said he wanted it to be a surprise for me and that he was
only going to reveal the name of the festival to me.

Es hieß „Tomatina".
It was called "Tomatina".

Natürlich gibt es heutzutage viele Internetseiten, auf denen ich
mir Informationen über die mysteriöse „Tomatina" hätte
besorgen können, doch ich musste meinem Freund
versprechen, dass ich nicht recherchieren würde.

Of course, nowadays there are many websites and places where I could find information about the mysterious "La Tomatina", but my friend made me promise that I would not do any research on it.

José kaufte zwei Bustickets und brachte sie mit nach Hause.
José bought two bus tickets and brought them home.

So erfuhr ich, dass das Dorf, in das wir fahren würden und wo das Fest stattfand, Buñol hieß.
That is how I learned that the village, where we were going to go for the party, was called 'Buñol'.

Endlich wusste ich etwas mehr über das mysteriöse Sommerfest, das ich besuchen würde!
Finally I knew something more about the mysterious summer festival to which I was going to go!

Buñol war ein sehr kleines Dorf mitten in der Provinz Valencia.
Buñol was, however, a very small village in the middle of Valencia.

Welches „große" Fest konnte wohl in so einem kleinen Ort stattfinden?
What kind of "big" festival could take place in such a small town?

Das Rätsel ging weiter.
The mystery continued.

Eine Woche vorher erklärte mir Sara, meine Mitbewohnerin, was „Tomatina" bedeutet.
One week before the party, Sara, my roommate, explained to me what "Tomatina" means.

„Tomatina" ist so etwas wie eine kleine Tomate.
"Tomatina" is something like a little tomato.

Was war das denn für ein Fest?
What was this festival all about?

Sollte dort die kleinste Tomate der Welt gesucht werden?
A festival looking for the tiniest tomato in the world?

Was für ein Blödsinn!
What a mess!

Wie ihr euch vorstellen könnt, freute ich mich zwar darauf feiern zu gehen, aber ich dachte auch: Wo zum Teufel gehe ich da nur hin?
As you may imagine, at that moment I was looking forward to partying, but at the same time I thought where the hell am I heading?

Am Tag der „Tomatina" standen wir sehr früh auf – um drei Uhr morgens!
The day of the "Tomatina" we woke up very early - at three o'clock in the morning!

Wir frühstückten schnell und eilten zum Busbahnhof.
We had breakfast very quickly and then hurried to the bus station.

Dort waren viele junge Studenten wie wir, Hunderte, die alle auf Busse nach Buñol warteten.
There were a lot of young students like us, hundreds and hundreds, waiting for buses to Buñol.

Wir setzten uns hin, um auf unseren Bus zu warten, und ich kam mit einem Mädchen aus Frankreich ins Gespräch.
We sat down to wait for our bus and I started a conversation with a girl from France.

Sie hieß Anne und erzählte mir, dass die Tomatina das beste Fest sei, auf dem sie in ihrem Leben gewesen war.

Her name was Anne and she told me that the Tomatina was the best festival she had ever been to in her life.

Und dass dieses Mal das dritte Jahr in Folge war, dass sie nach Buñol zur Tomatina fuhr.
And that this was the third year in a row that she had travelled to Buñol to be there for the Tomatina!

Ich unterhielt mich eine ganze Weile mit Anne.
I talked to Anne for some time.

Sie sprach kein Spanisch und ihr Englisch klang seltsam – sie hatte einen komischen französischen Akzent, wenn sie Englisch sprach – aber sie war sehr nett.
She didn't speak Spanish and her English was very weird – she had a funny French accent when she spoke English – but she was very nice.

Und sie war sehr hübsch, blond, mit einem sehr hellen Teint und grünen Augen.
And she was very beautiful, blond, with very fair skin and green eyes.

Trotzdem mussten wir unsere Unterhaltung beenden, denn ihr Bus hatte die Nummer 15 und meiner die Nummer 8.
However, we had to stop talking, because her bus was the number 15 and mine was number 8.

Schade, nicht wahr?
What a pity! Don't you think?

Der Bus selbst war schon ein einzige Party.
The bus was already a big party.

Er war voller junger Leute, die Lust hatten zu feiern.
It was full of young people that wanted to party.

Alle sangen Lieder (auf Spanisch, ich verstand nicht sehr viel, sie waren sehr schwierig) und tranken Sangria, denn es war ein sehr heißer Tag.
Everybody was singing songs (in Spanish, I didn't understand very much, they were very difficult) and drinking sangría, as it was hot that day.

Und die Reise war so lang! Wir brauchten mehr als fünf Stunden, um zur berühmten Tomatina zu kommen!
And the journey was so long! It took more than five hours to arrive at the famous Tomatina!

Endlich kamen wir in Buñol an.
At last, we arrived in Buñol.

Dort waren Tausende von Menschen!
There were thousands of people!

Alle waren gut gelaunt, viele trugen Taucherbrillen, Badesachen, kurze Hosen, Sandalen, wasserdichte Hauben …
Everyone was very cheerful and many of them wore diving goggles, swimsuits, shorts, sandals, waterproof hats…

Wofür war all das?
What were all these things for?

Langsam gingen wir ins Dorfzentrum, wo es fast keinen Platz mehr gab.
Little by little, we walked into the centre of the village, where there was hardly any space.

Plötzlich begann Musik zu spielen und überall tanzten die Leute.
Suddenly, music started to play, and people were dancing all around.

War das etwa die Tomatina?
Was this the Tomatina?

Das fand ich nicht sehr spektakulär.
It didn't seem so spectacular to me.

Die Musik kam von riesigen LKWs.
The music came from huge trucks.

Darauf waren Leute, die etwas in die Menschenmenge auf der Straße warfen.
On them were people who were throwing something to those in the street.

Was war das?
What was it?

Etwas Rotes und Rundes … es sah aus wie … das waren Tomaten!
Something red and round…it seemed like…that were tomatoes!

In dem Moment musste ich lachen!
At that moment, I started to laugh!

Mein Freund José sagte: „Na, was denkst du?"
My friend José said to me: So, what do you think?

Ich hätte nicht glücklicher sein können!
I couldn't be happier!

Das war total verrückt!
That was totally crazy.

Stellt euch vor: Tausende von Menschen, die lachten, sprangen, tanzten und sich gegenseitig mit Tomaten bewarfen!
Imagine: thousands of people laughing, jumping, dancing and throwing tomatoes at each other!

Nach und nach wurde alles rot und alle hatten einen Riesenspaß.
Little by little, everything turned red and everyone was having a lot of fun.

Die Tomatina begann in der Früh und dauerte den ganzen Morgen an.
The Tomatina started early and it lasted the whole morning!

Am Ende war ich von oben bis unten voll mit Tomaten, ich war rot, als wäre ich selbst eine Tomate!
By the end, I was full of tomatoes from top to bottom; I was red as if I were a tomato myself.

Auch wenn ihr das nicht glauben könnt, es ist die absolute Wahrheit!
Even if you can't believe it, it is the absolute truth!

Wisst ihr, was das Beste war?
Do you know what the best part was?

Als alles zu Ende war, blieben die Leute auf den Straßen, die Musik hörte nicht auf und die Party ging weiter!
When everything ended, the people stayed in the streets, the music didn't stop and the party continued!

Deshalb blieben wir den ganzen Tag dort, aßen ein typisch valencianisches Gericht, Paella, und tranken ein typisches Getränk, Sangria.
That is why we stayed there the whole day, ate a typical dish from Valencia, paella, and drank a typical drink, sangría.

Nach dem Essen entschieden wir uns, im Dorf spazieren zu gehen.
After lunch we decided to go for a walk through the village.

Als wir den Dorfplatz erreichten, sahen wir die letzte Überraschung dieses Tages… Anne war da!
When we got to the main square we saw the last surprise of that day… Anne was there!

Wir gingen zu ihr und sie stellte uns ihren Freunden vor.
We approached her and she introduced us to her friends.

Im nächsten Moment fingen alle wieder an zu tanzen und wir tanzten alle gemeinsam und unterhielten uns weiter.
At that moment the party's dance started, and we all danced together and continued talking.

Wir hatten viel Spaß und ich glaube, dass das der Beginn einer tollen Freundschaft war…
We had a lot of fun, and I believe that it was the beginning of a great friendship.

Seither sind Anne und ich zusammen zu vielen Festen gegangen, und ich glaube, ich werde sie bald einladen, mit mir ins Kino zu gehen.
Since, Anne and I have gone to many parties together, and I believe I will soon ask her to go to the cinema with me.

Wenn alles gut läuft, ist die Tomatina jetzt nicht mehr nur eine große Party, sondern auch ein Ort, an dem man die Liebe finden kann.
From now on, if everything goes well, the Tomatina from now will be more than a big party, but it will also be a place where one can find love.

Wer weiß?
Who knows?

Die Highland Games
The Highland Games

Mein Name ist Jamie und ich möchte Ihnen von der
Geschichte meiner Familie erzählen.
*My name is Jamie and I would like to tell you about my family
history.*

Ich bin sehr stolz auf mein schottisches Erbe, und ich bin nicht
allein - es wird vermutet, dass fast 40 Millionen Menschen
weltweit behaupten, schottischer Abstammung zu sein (mehr
als die 5 Millionen, die derzeit hier leben!).
*I am very proud of my Scottish heritage, and I'm not alone – it
is thought that almost 40 million people worldwide claim to be
of Scottish descent (more than the 5 million who currently live
here!).*

Viele Menschen mit schottischem Erbe sehen sich als Teil
eines Clans.
*Many people with Scottish heritage consider themselves to be
part of a clan.*

Ein Clan ist ein faszinierendes charakteristisches Merkmal der
schottischen Geschichte.
A clan is a fascinating feature of Scotland's own history.

Clan bedeutet ‚Familie' auf Gälisch, was eine der offiziellen
Sprachen Schottlands ist.
*Clan means 'family' in Gaelic, which is one of the official
languages of Scotland.*

Ab dem 13. Jahrhundert kamen Clans sehr häufig in der
Hochlandregion vor, die sich über den Norden Schottlands
und die vielen Inseln an der Westküste erstreckt.

From the 13th Century onwards clans were very common across the Highland area, which covers the North of Scotland and lots of islands on the west coast.

Clans lebten von der Bewirtschaftung ihres Landes, wobei jedem Chief (Clanführer) große Gebiete des Landes gehörten.
Clans historically lived off the land, with each clan chief owning large areas of the country.

Dies war oft der größte Grund für die Kämpfe zwischen den Clans.
This was often the biggest cause of fighting between clans.

Auf dem Höhepunkt ihrer Macht waren Chiefs oft wie Könige und Richter in einem - mein spezieller Clan ist der Clan der MacLeods, obwohl nicht ganz klar ist, ob ich wirklich ein direktes Mitglied bin.
At the height of their power, clan leaders were often like Kings and Judges combined – my particular clan is called the MacLeods, although it's not clear whether I am a direct member or not.

Viele Familien haben die Nachnamen der Clans angenommen, um ihre Loyalität zu zeigen und um sich vor rivalisierenden Gruppen zu schützen.
Many families adopted surnames of clans to show loyalty and for protection against rival groups.

Heutzutage können viele Clans auf bestimmte schottische Inseln zurückverfolgt werden.
Today, many clans can be traced back to particular Scottish islands.

Mein eigener Clan stammt von der Isle of Skye, einer wunderschönen Insel an der Westküste, bekannt für ihre hohen Berge und ihre Landschaft.
My own clan is from the Isle of Skye, a beautiful island on the West Coast famous for its high mountains and scenery.

Es ist auch die Heimat einer jährlichen schottischen Tradition, der ‚Highland Games'.
It is also home to an annual Scottish tradition called the Highland Games.

Man vermutet, dass diese Tradition vor rund 500 Jahren entstand, als verschiedene Clans aus ganz Schottland kamen und in verschiedenen Spielen gegeneinander antraten.
It is thought that this tradition dates back around 500 years, where different clans from across Scotland would come to compete against each other in different events.

Jeder Clan, einschließlich meines eigenen, hatte ihre eigene besondere Kleiderordnung mit bestimmten Tartans.
Each clan, including my own, had their own particular dress code and tartan pattern.

Tartan ist ein Webmuster für Stoffe, die meine Vorfahren aus Schafwolle herstellten, die sie mit natürlichen Materialien wie Pflanzen, Moos und Beeren gefärbt hatten.
Tartan is a pattern woven cloth that my ancestors used to create using natural materials such as plants, moss and berries to dye sheep's wool.

Die Wolle durchläuft dann ein Spinnverfahren, bevor sie zu dem berühmten Stoff mit dem charakteristischen Muster wird, den viele Menschen auf der ganzen Welt als eindeutig Schottisch erkennen.
The wool then goes through a spinning process before it is made into the famous patterned cloth that many people around the world recognise as distinctly Scottish.

Vor kurzem trug ich den Tartan meines Clans zu der Hochzeit eines Freundes in den Vereinigten Staaten - ich habe einige sehr seltsame Blicke von Menschen kassiert, die meinen Kilt für einen Rock hielten!

I recently wore my clan's tartan colours to the wedding of a friend in the United States – I got some very strange looks from people who thought my kilt was a skirt!

Viele Leute tragen Tartans bis heute, obwohl es oft aus modischen Gründen geschieht und nicht um sich zu ihrem schottischen Erbe zu bekennen.
Many people continue to wear tartan to this day, although it is often for fashion reasons and not to directly acknowledge Scottish heritage.

Traditionell ließen Tartans andere Leute wissen, aus welchem Teil des Landes man kam - Leute aus dem südlichen Schottland trugen grün und gelb tragen, während meine Familie aus dem Norden rot trug.
Traditionally, tartan colours let other people know which part of the country they were from – people from southern Scotland would wear green and yellow, whereas my family from the north would wear red.

Das spiegelte die roten Beeren und Blumen der Region wider, die verwendet wurden, um das Material zu färben.
This reflected the red berries and flowers in the area that were used to stain the material.

Clans verschwanden vor fast 300 Jahren aus Schottland nach der berühmten Schlacht von Culloden im Jahre 1746, in der die britische Regierung den Widerstand der Highlander überwand, die das politische Establishment herausfordern wollten.
Clans disappeared in Scotland almost 300 years ago following the famous Battle of Culloden in 1746, where the British government overcame the resistance of the highlanders who were looking to challenge the political establishment.

Mehr als 1000 Menschen starben, dicht gefolgt von den Highland Clearances.

Over a 1000 people died, and this was closely followed by the
Highland Clearances.

Viele Familien wurden von ihrem zuvor bewirtschafteten Land
vertrieben, als die Macht der Clans zu verschwinden begann.
Where many families had previously farmed, they were moved
off their land as the power of the clans began to disappear.

Es waren diese Umstände, die viele Menschen dazu
bewegten, Schottland zu verlassen, auszuwandern auf der
Suche nach einem besseren Leben.
It was these circumstances under which many people began
to leave Scotland, emigrating in search of a better life.

Viele Menschen mit schottischen Vorfahren, die im Ausland
leben, können ihr Erbe zu diesen Regionen Schottlands
zurückverfolgen, einschließlich derjenigen, die in Nordamerika
leben und darüber hinaus in Neuseeland und Australien,
wohin viele der Highland-Familien in großer Zahl
ausgewandert sind.
Many people with Scottish ancestry living abroad can trace
their heritage back to these areas of Scotland, including those
living across North America and even further afield in New
Zealand and Australia, where many of the highland families
emigrated to in big numbers.

In einigen Teilen der Welt mit hoher schottischer
Einwanderungsquote, wie der Ostküste Kanadas, sind fast
45% der Bevölkerung schottischer Abstammung.
In some parts of the world where Scottish immigration is high,
such as the East Coast of Canada, almost 45% of the
population are of Scottish heritage.

Aufgrund dieser Geschichte kommen viele Schotten gerne
zusammen und erinnern sich an ihr kulturelles Erbe.
Because of this history, many Scottish people like to get
together and remember their cultural heritage.

Meine eigene Familie, die MacLeods, haben eine lange und stolze Geschichte in den Highland Games und wir sind bekannt für unsere Geschicklichkeit.

My own family, the MacLeods, have a long and proud history in the Highland Games competition and we are famous for our skill.

Niemand ist ganz sicher, wann die Highland Games zum ersten Mal stattfanden, auch wenn es einige Aufzeichnungen gibt, denen zufolge verschiedene Clans schon im 16.

No one is quite sure when the Highland Games first started, although there are some records of different clans competing against each other as early as the 16th Century.

Jahrhundert gegeneinander angetreten sind. Es gibt eine Reihe von verschiedenen Veranstaltungen, die noch bis zum heutigen Tag ausgetragen werden - Laufen und Springen, das Werfen von Hämmern und Steinen, und das berühmte Baumstammwerfen – bei dem ein großes Stück Holz so weit wie möglich geworfen wird!

There are a number of different events that are still completed to this day – running and jumping, throwing hammers and stones, and the famous 'toss the caber' – throwing a large piece of wood as far as possible!

Dies ist der Wettbewerb, in dem meine Familie in der Vergangenheit sehr erfolgreich war und viele Turniere und Veranstaltungen gewonnen hat.

This is the event that my family have historically been very successful in, winning many different tournaments and meetings.

Leider habe ich nicht die großen Muskeln und die Kraft meiner Vorfahren geerbt, und als ich an der Reihe war, konnte ich den Holzklotz kaum hochheben!

Unfortunately I don't seem to have inherited the big muscles and strength of my ancestors, and when it was my turn to take part I could hardly lift the log into the air!

Also auch wenn meine Familie bei dieser Veranstaltung in der Vergangenheit durchweg erfolgreich war, glaube ich, dass die Siegertradition vielleicht mit mir endet!

So although my family have been successful throughout history in this event, I think the winning tradition might stop with me!

Ich war in meinem Wettbewerb mit Abstand auf dem letzten Platz, doch ich habe das Erlebnis der Teilnahme genossen und zu wissen, dass ich in die Fußstapfen von Familienmitgliedern getreten war, die vor mir teilgenommen hatten.

I came last in my event by quite some distance, but I enjoyed the experience of taking part and knowing that I was following in the footsteps of family members who had gone before me.

Glücklicherweise, finden einige der älteren Events nicht mehr statt – das ‚Abdrehen der vier Beine einer Kuh' (‚Twisting four legs off a cow') kommt in vielen modernen Highland Games nicht mehr vor!

Thankfully, some of the older events that used to happen are no longer part of the Games – 'twisting four legs off a cow' can't be found in many modern Highland Games!

Zusätzlich zu den Wettkämpfen die die körperliche Kraft messen, wären die Highland Games nicht komplett ohne einige der anderen Aspekte des schottischen Lebens zu feiern, die auch heute noch berühmt sind.

As well as the physical strength events, the Highland Games wouldn't be complete without celebrating some of the other aspects of Scottish life that are still famous to this day.

Die bekannten Dudelsackwettbewerbe zelebrieren die Dudelsäcke, die eine lange und interessante Geschichte haben.

The famous piping contests are a celebration of the bagpipes, which have a long and interesting history.

Abgesehen davon, dass sie beliebt bei allen Clans waren, die in den Highlands existierten, spielten viele Dudelsackspieler weiterhin ihre Dudelsäcke, wohin auch immer sie in der Welt gingen.

As well as being popular throughout the clans when they existed in the Highlands, many pipers continued to play their bagpipes wherever they went in the world.

Dudelsäcke wurden sogar in Kriegssituationen gespielt.

The bagpipes were even played in war situations.

Viele schottische Regimenter der britischen Armee hatten weiterhin Dudelsackspieler, selbst wenn sie in die Schlacht zogen.

Many Scottish regiments in the British Army continue to have bagpipe players even when they were going into battle.

Es gibt viele Geschichten von schottischen Dudelsackspielern während der beiden Weltkriege, die die Moral der Truppen stärken und den Feind einschüchtern sollten.

There are many stories of Scottish Pipers being used to boost morale among troops, as well as intimidate the enemy, in both World Wars.

Wie alle guten schottischen Festlichkeiten wären die Highland Games nicht komplett, ohne große Mengen von Whisky.

Like all good Scottish celebrations, the Highland Games would not be complete without large amounts of whisky to drink.

Einige von Ihnen wissen vielleicht, dass Whisky auch Whiskey geschrieben werden kann, auch wenn die Ursprünge hierfür nicht bekannt sind.

Some of you may know that whisky can also be spelt whiskey, although the origins of this are not known.

Whisky wurde in vielen verschiedenen Ländern hergestellt, von vielen verschiedenen Kulturen, und der erste

aufgezeichnete Beleg für die Erzeugung von Whiskey kam tatsächlich aus Irland.
Whisky has been created in many different countries, by many different civilisations, and the first recorded evidence of it being produced actually came from Ireland.

Destillerien, in denen Whisky hergestellt wird, können in ganz Schottland gefunden werden, 95 an der Zahl im ganzen Land.
Distilleries, where whisky is made, can be found all over Scotland, and there are 95 dotted all around the country.

Viele Menschen besuchen Schottland, allein um Whisky zu kosten, und es hat einen weltweiten Ruf als Heimat der besten Whiskys der Welt.
Many people come to Scotland just to taste it, and it has a worldwide reputation as home to the best whisky in the world.

Ich finde ihn sehr stark, darum versuche ich, nur sehr geringe Mengen zu probieren, wenn ich die Gelegenheit dazu bekomme, doch das Getränk mit anderen Schotten aus der ganzen Welt zu teilen ist eine sehr schöne Erfahrung, die uns alle miteinander verbindet.
I find it very strong so I only try to taste it in very small amounts when I get the opportunity, but sharing a drink with other Scottish people from around the world is a very enjoyable experience that bonds us all together.

Meist wird Whisky in Verbindung mit einem Tanz getrunken, einem anderer berühmter Aspekt der Highland Games.
Most whisky is also drunk in conjunction with a dance, which is another famous aspect of the Highland Games.

Leute im traditionellen Tartan treten zu den Klängen der Dudelsäcke, im Wettbewerb gegen andere an, um die renommierte Auszeichnung der besten schottischen Highland-Tänzer zu gewinnen.
People in tartan dress, dancing to the sound of the bagpipes, compete against other for the prestigious award of best Scottish highland dancers.

Die Möglichkeit, die Highland Games zu erleben und meine Familientradition weiterzuführen ist etwas, was mich sehr stolz macht.
Getting to experience the Highland Games and carrying on my family tradition is something that makes me very proud.

Das Festhalten an unseren Verbindungen zu den Highlands und stolz zu sein auf unsere Geschichte ist ein wichtiger Teil des schottischen Seins und etwas, was ich noch viele Jahre fortführen werde.
Keeping hold of our links to the Highlands and staying proud of our history is an important part of being Scottish and something that I will continue for many years to come.

Ich hoffe nur, dass meine eigenen Kinder besser beim Baumstammwerfen sind als ich!
I only hope that my own children are better at tossing the caber than me!

Eine ganz spezielle Vogelkundlerin
A very special ornithologist

1972 wurde der Klub der Vogelfreundinnen von Sevilla
gegründet.
*In 1972 the (female) Bird-watchers Club of Seville was
founded.*

Damals war es sehr ungewöhnlich, dass eine Frau einen
solchen Verein gründete, und noch ungewöhnlicher war, dass
es ein Mädchen im Alter von zwölf Jahren war.
*At that time, it was very unusual that a woman founded such a
club, and it was even more unusual that it was a girl at the age
of twelve.*

Dieses Mädchen war meine Mutter.
This girl was my mother.

Die Vogelkunde ist, zumindest heute, ein weitverbreitetes
Hobby in Spanien.
Ornithology is, at least today, a widespread hobby in Spain.

Die Schönheit der Naturschutzgebiete und die
abwechslungsreichen Landschaften der Iberischen Halbinsel
führen dazu, dass die Zahl Vogelfreunde laufend wächst.
*The beauty of the nature reserves and the diverse landscapes
of the Iberian Peninsula cause the community of bird lovers to
grow constantly.*

Aber als meine Mutter zwölf Jahre alt war, war es sehr
außergewöhnlich, dass sich ein Mädchen so sehr für Vögel
begeisterte.
*But when my mother was twelve years old, it was quite
unusual that a girl would get excited over birds.*

Ihre Familie war deshalb sehr besorgt und sagte: „Warum hat das Mädchen nur Vögel im Kopf?"
Hence her family was very concerned and asked: "Why does this girl only have nothing but birds on her brain?"

Meine Mutter konnte nicht studieren.
My mother wasn't able to attend university.

Ihre Familie war arm und konnte ein Biologiestudium nicht bezahlen, mit dem sie sich intensiv mit ihrem größten Hobby hätte beschäftigten können.
Her family was poor and could not afford paying for a biology degree, which would have enabled her to engage herself in her biggest hobby intensively.

Doch sie las alle Bücher und Zeitschriften über Vögel, die sie bekommen konnte.
But she read all the books and magazines about birds she could get a hold of.

Mit 25 Jahren heiratete sie.
At the age of 25, she married.

Sie hatte das Glück, einen sehr witzigen und fleißigen jungen Mann kennenzulernen.
She was lucky that she met a very funny and hardworking young man.

Meinem Vater gefiel die Leidenschaft meiner Mutter für ihr Hobby.
My father loved my mother's passion for her hobby.

Deshalb beschloss er, ihr zu helfen.
So he decided to help her.

Nachdem ich und meine Schwester auf die Welt gekommen waren (meine Schwester ist nur ein Jahr jünger als ich), unterstützte mein Vater meine Mutter dabei, ihren Traum zu erfüllen.

After my sister and I were born (my sister is only a year younger than me) my father supported my mother in fulfilling her dream.

Sie wünschte sich sehnlichst, ihr Bestimmungsbuch zu füllen. Adler, Geier, Sperlinge: Sie alle waren in ihrem kleinen Buch.

She longed to fill her classification (guide) book: Eagles, vultures, sparrows: they were all in her little book.

Zu jeder Darstellung gab es einen weißen Abschnitt für Notizen, wo und wann man den fraglichen Vogel gesehen hatte.

For every illustration there was a blank section for notes about where and when one had seen the respective bird.

Es war wie ein Tagebuch voller kostbarer Zeichnungen von Tieren!

It was like a diary full of precious drawings of animals!

Der Plan meines Vaters war sehr einfach.

My father's plan was very simple.

Er kaufte meiner Mutter ein Fernglas und packte uns einmal im Jahr eine Woche ins Auto.

He bought my mother a pair of binoculars and once a year we got on the road.

Das Ziel war immer das gleiche: einer der Nationalparks Spaniens.

The destination was always the same: one of the Spanish national parks.

In Spanien unterhält das Umweltministerium ein großes Netz von fünfzehn Nationalparks.
In Spain, the Ministry of the Environment maintains a large network of fifteen national parks.

Alle sind sehr unterschiedlich!
All are very different!

Meine Familie und ich besuchten fast alle Parks außer denen auf Inseln.
My family and I visited nearly every park except for those on islands.

Einer der sonderbarsten Nationalparks in Spanien befindet sich auf den Cíes-Inseln.
One of the most extraordinary national parks in Spain is on the Cies Islands.

Das sind einige winzige Inseln vor der Küste Galiziens.
They are just some tiny islands off the coast of Galicia.

Sie sind wirklich sehr klein und es gibt dort nichts außer einem kleinen Campingplatz.
They are really small and there is nothing there except a small campsite.

Man kann zwar mit dem Schiff hinfahren, aber sonst gibt es kaum Tourismus.
While you can go there by boat, but otherwise there is only little tourism.

Nationalparks gibt es auch auf den Kanarischen Inseln, ein Naturparadies voller Überraschungen.
There are also national parks on the Canary Islands, a natural paradise full of surprises.

Wusstest du, dass dort eine Waldsorte existiert, die man nur hier findet?
Did you know that there is a type of forest that only can be found there?

Sie hat einen sehr witzigen Namen: Lorbeerwald oder Laurisilva.
It has a very funny name: laurel forest or laurisilva.

Auf den Kanaren befindet sich einer der kuriosesten Nationalparks Spaniens.
The Canary Islands are home to one of the strangest National Parks of Spain.

Er besteht aus einem Vulkan mit fast tausend Metern Höhe!
It consists of a volcano which is nearly a thousand meters high!

Er nennt sich Teide.
It's called Teide.

Mit Ausnahme der Insel-Nationalparks besuchte ich alle anderen mit meiner Familie.
With the exception of the island's national parks I visited all the others with my family.

Nach und nach füllte meine Mutter ihr Buch.
Little by little, my mother filled her book.

Sie notierte jahrelang genauestens die Daten, Zeiten und Orte, wo wir die Vogelarten beobachtet hatten.
For years she wrote down the precise dates, times and places where we had watched the birds.

Am meisten Spaß machte, dass wir vor jeder Reise wetteten, welchen Vogel wir entdecken würden.

We had great fun placing bets before each trip, what kind of birds we were going to see.

Würden wir im Nationalpark Daimiel den Kuhreiher sehen?
Would we see a cattle egret at the Daimiel national park?

Würden wir in Monfragüe endlich den Habichtsadler finden?
Would we finally find the Bonelli's eagle in Monfragüe?

Wenn jemand die Wette gewann, gab es einen tollen Preis: eine Doppelportion Schokoladeneis im nächsten Eiscafé.
If someone won the bet, there was a great price: a double serving of chocolate ice cream in the closest ice cream parlour.

Das war der perfekte Abschluss für die Ferien.
That was the perfect way end to the vacation!

Dank der Hefte dieser besonderen Vogelkundlerin habe ich Erinnerungen an all unsere Familienurlaube.
Thanks to the books of this very special bird lover, I have keepsakes of all our family vacations.

Wie zum Beispiel jenes Mal, als wir im Nationalpark von Ordesa und Monte Perdido den sogenannten Knochenbrecher entdeckten, den Bartgeier. Uff!
For example, of the time when we discovered the so-called bone-crusher at the national park of Ordesa and Monte Perdido: the bearded vulture. Ugh!

Was für ein schrecklicher Vogel!
What a horrible bird!

Weißt du, warum er so heißt?
Do you know who that bird got its name?

Weil er Knochen aufsammelt, sie auf hohe Höhen mitnimmt und dann gegen Felsen wirft, um sie zu zerbrechen und zu fressen.
Because it collects bones and throws them against rocks in order to break them so it can eat them.

Er hat ein sehr finsteres und bedrohliches Aussehen.
It has a very sinister and menacing look.

Ich erinnere mich, dass ich in der Nacht darauf einen Albtraum hatte, in dem mich ein Knochenbrecher verfolgte.
I remember having a nightmare the following night in which I was haunted by a bone crusher.

Auf unserer Reise in die Pyrenäen sahen wir mehrere Steinadler.
On our trip to the Pyrenees, we saw several golden eagles.

Sie dagegen sind wirklich schön!
They are really beautiful!

Aber da sie braune, weiße und schwarze Federn haben, ist es sehr schwierig, sie zu sehen.
But since they have brown, white and black feathers, they are very difficult to spot.

Man muss ganz still halten und lange aufpassen, um die einen zu sehen.
You have to keep very still and sit for a long time to see one.

Ein anderer zauberhafter Ort, an den mich mein Vater brachte, war der Nationalpark von Doñana.
Another magical place my father showed me was the Doñana National Park.

Den Anblick von tausenden von Flamingos und Kormoranen auf dem Wasser bei Sonnenuntergang werde ich nie vergessen.
I will never forget the sight of thousands of flamingos and cormorants on the water at sunset.

Bei all diesen Reisen war unser Hauptziel Vögel zu sehen.
In all of these trips, our main goal was to see birds.

Aber natürlich wollten wir auch Pflanzen, Bäume und andere Schätze der Natur genießen.
But of course we wanted to also enjoy plants, trees and other natural treasures.

Denn es gibt viel mehr Tiere als die, die fliegen!
Because there are so many more animals than only the flying ones!

Eine unserer aufregendsten Familiengeschichten ereignete sich im Nationalpark Doñana.
One of our most exciting family stories happened at the Doñana National Park.

Eines Tages nach dem Essen nahmen wir das Auto, um die Dörfer, die in der Nähe dieses Feuchtgebiets lagen, zu besuchen.
One day, after dinner we took the car to visit the villages that were close to this wetland area.

Wir sangen zum Spaß Kinderlieder, als mein Vater auf einmal so stark auf die Bremse trat, dass wir erschraken.
For fun we were singing children's songs when my father slammed on the brakes so suddenly, that we were terrified.

Was war los?
What was going on?

Warum hatte mein Vater auf dieser einsamen Straße angehalten?
Why had my father stopped the car on this lonely road?

Sehr bald sahen wir es!
Very soon we saw it!

Ein iberischer Luchs lag verletzt da.
An Iberian lynx lay injured in the middle of the street.

Ganz langsam fuhr mein Vater zurück und parkte das Auto am Straßenrand.
Slowly, my father drove back and parked the car at the roadside.

Wir blieben im Wagen, während er ausstieg, um sich dem Tier zu nähern.
We stayed in the car while he left to approach the animal.

Ein paar Minuten später kam er zurück.
A few minutes later he came back.

Der Luchs lebte noch! Damals gab es noch keine Mobiltelefone, deshalb mussten wir ins nächste Dorf gehen, um den Seprona (eine Einheit der Guardia Civil, die für den Tierschutz verantwortlich ist) anzurufen.
The lynx was still alive! At that time there were no cell phones, so we had to go to the next village to call the Seprona (a unit of the Guardia Civil, which is responsible for animal welfare).

Mein Vater blieb trotz 40 Grad im Schatten bei dem Tier und gab ihm von unserem kühlen Wasser zu trinken, während wir ins nächste Dorf gingen, um zu telefonieren.
At 40 degrees in the shade my father stayed with the animal and gave him some of our cool water to drink while we went to the next village to make the phone call.

Glücklicherweise kam der Seprona noch rechtzeitig.
Fortunately, the Seprona arrived in time.

Später erfuhren wir nämlich, dass der Luchs überlebt hat!
Because later we found out that the lynx had survived!

Seitdem sind wir sehr stolz darauf, dass wir alle zusammen
ein Tier gerettet haben, das stark vom Aussterben bedroht ist.
*Since then, we have been very proud that we all saved an
animal that is critically endangered.*

Oder zumindest dabei geholfen haben.
Or at least helped to save it.

Man kann in Nationalparks nicht nur Urlaub machen oder
Pflanzen und Tiere beobachten.
*In national parks you can not only spend your vacations or
watch birds and plants.*

Man kann dort auch echte Abenteuer erleben, obwohl die
Parks unter besonderem Schutz stehen und man die
Besucherregeln einhalten muss (keinen Müll wegwerfen, nicht
in verbotenen Bereichen schlafen, unter keinen Umständen
Feuer machen!).
*You can also experience real adventures there, although the
parks are under special protection and you have to comply
with the visitor rules (do not discard any garbage, don't camp
in prohibited areas, and do not under any circumstances light
a fire!).*

Das sind eigentlich grundlegende Dinge, die viele Leute
jedoch leider missachten.
*That's actually pretty basic stuff, but unfortunately many
people ignore those rules.*

Sie haben sicher noch keinem kleinen, verletzten Luchs in die
Augen geschaut oder die Flugbahnen eines Adlers bewundert.
*They have certainly never looked a small, injured lynx in the
eyes or admired an eagle flying in the sky.*

Abenteuer Essen in Spanien
Eating adventure in Spain

Seid ihr je in Spanien gewesen?
Have you ever been to Spain?

Es ist ein wundervolles Land.
It's a wonderful country.

Mein Name ist Sarah Jones und ich bin 33 Jahre alt.
My name is Sarah Jones and I'm 33 years old.

Ich lebe seit zwei Jahren in London, doch ich hatte das Glück,
ein paar Jahre in Spanien studieren zu können.
*I have lived in London for two years now, but I was lucky to
have studied for a couple of years in Spain.*

Ich arbeite für eine große englische Bank und habe
Wirtschaftswissenschaften studiert.
I work for a big English bank and I studied Economics.

Ich bin verheiratet, aber ich habe noch keine Kinder.
I'm married, but I don't have any children yet.

Mein Mann heißt Marcos Sanchez und ich habe ihn, wie ihr
euch bei seinem Namen sicher denken könnt, in Spanien
kennengelernt.
*My husband is called Marcos Sánchez, and I met him, as you
can imagine by his name, in Spain.*

Ich war damals 20 Jahre alt und hatte den ganzen Sommer
vor mir, bevor mein erstes Studienjahr in
Wirtschaftswissenschaften in Spanien begann.

I was twenty years old and had the whole summer ahead of me, before I started my first course of Economic studies in Spain.

Deshalb hatte ich mich entschlossen, mit meiner Freundin Anne unseren letzten gemeinsamen Sommer in meiner neuen Wahlheimat zu verbringen.
So I decided to join my best friend, Anne, to enjoy our last summer together in my new country of adoption.

Sie ist meine beste Freundin und wollte im selben Jahr ein Studium in Australien beginnen, so dass wir uns dann auf entgegengesetzten Seiten der Erde befinden würden.
My best friend Anne wanted to go studying in Australia that year, so we would each be on different sides of the world.

Anne wollte Medizin studieren.
Anne wanted to study medicine.

Jetzt ist sie eine exzellente Ärztin, die in den USA arbeitet.
Now she's an excellent doctor working in the US.

Im Sommer ist es sehr heiß in Spanien, deshalb kann man an den Strand oder ins Schwimmbad gehen und man kann nachts ausgehen und in Diskos tanzen.
During the summer in Spain, it's very hot. So you can enjoy the beach or swimming pool and one can go out at night and dance in discos.

Mit anderen Worten: Es ist ein ideales Ziel für eine Reise zweier bester Freundinnen.
In other words: It's an ideal holiday destination for two best friends.

Außerdem sind die Hotels, Jugendherbergen und Apartments in Spanien sehr günstig, und wir hatten das ganze Jahr über gearbeitet und gespart, um diesen Urlaub zusammen verbringen zu können.

Furthermore, the hotels, hostels and apartments were very cheap in Spain, and we had worked throughout the whole year and saved-up in order to be able to spend the holiday together.

Wir hatten geplant, drei Monate durch Spanien zu reisen und seine Küste, seine Berge, die größten Städte, die kleinsten Dörfer und die Feste kennenzulernen – wir wollten einfach nichts verpassen!
We had planned to travel through Spain for three months and visit its coasts, the mountains, the biggest cities, smallest villages and the festivals. We simply didn't want to miss anything!

Nach unserer Ankunft fingen wir sofort mit unserer Erkundungstour an, hatten eine Menge Spaß und genossen jeden Eindruck.
After we arrived we started our exploration tour, had a lot of fun and enjoyed every impression.

Wir landeten in Madrid, der spanischen Hauptstadt, wo wir in einer kleinen Jugendherberge im Zentrum wohnten, gleich neben dem Prado Museum.
We landed in Madrid, the Spanish capital, where we stayed at a little hostel in the centre, just next to the Prado Museum.

Wenn du Kunst magst und nach Spanien fährst, darfst du dir den Prado nicht entgehen lassen!
If you like art and you go to Spain, you can't miss the Prado Museum!

Mit all seinen Bildern von Velázquez, El Greco und so weiter ist er einfach beeindruckend!
With all its paintings by Velazquez, El Greco and so on it is very impressive.

Nach unserem ersten Spaziergang durch das große Museum und die Straßen von Madrid hatten wir richtig Hunger.
After our first walk through such a big museum and the streets in Madrid we were really hungry.

Es war nun Zeit, das zu probieren, von dem wir gehört hatten, dass es so köstlich war: das spanische Essen.
It was now time to try what we had heard was so delicious: the Spanish food.

Wo sollten wir anfangen?
Where should we start?

Wie würden wohl richtige Tapas schmecken?
What would real tapas taste like?

Und Paella?
And paella?

All die Gerichte klangen seltsam, wir wussten nicht, was auf der Karte stand, doch die Speisen schienen lecker zu sein und die Fotos waren auch sehr verlockend.
All the dishes sounded strange, we had no clue what was written on the menu, but the dishes seemed tasty and the pictures were also very tempting.

Wir gingen in ein Restaurant mit einem sehr lebhaften Ambiente.
We went to a restaurant with a very lively ambience.

Dort waren viele Mädchen und Typen, die etwas tranken und Tapas aßen.
There were a lot of girls and guys who were drinking and eating tapas.

Uns gefiel die entspannte Atmosphäre.
We liked the very relaxed atmosphere.

Es waren Spanier da, aber auch Touristen aus der ganzen Welt.
There were Spanish people, but also tourists from all over the world.

Anne und ich setzten uns und beschlossen, ein paar Kannen „Sangria" zu bestellen, ein Getränk, das uns empfohlen worden war.
Anne and I sat down and decided to order a couple of jars of "sangría", a drink that had been recommended to us.

Wir waren wirklich durstig, weil es so heiß war.
We were really thirsty because it was so hot.

Sangria ist ein wohlschmeckendes Getränk aus Wein, Zitrone, frischem Obst und Zimt.
Sangría is a delicious drink, which is made of wine, lemon, fresh fruits and cinnamon.

Die Zutaten variieren von Restaurant zu Restaurant und Bar zu Bar.
The ingredients vary from restaurant to restaurant and bar to bar.

Ich denke, dass wir in diesem Sommer etwa 300 verschiedene Sangria-Rezepte ausprobiert haben – und sie waren alle sehr lecker!
I think that during that summer we tasted about 300 different ways of making sangría - and they were all very good!

Daher empfehle ich euch, sie zu probieren, wenn ihr nach Spanien kommt.
That´s why I would recommend you try them, when you visit Spain.

Doch Sangria enthält Alkohol, seid also vorsichtig damit!
But sangria contains alcohol, so be careful with it.

Aber es gibt viele Lokale, die auch Sangria ohne Alkohol anbieten, und der ist sogar noch leckerer!
But there are many restaurants that also offer alcohol-free Sangria, and that tastes even better!

Und dann bekamen wir unsere ersten Tapas.
At that moment, we received our first tapas.

Als erstes wurde uns etwas gebracht, was „Croquetas" hieß.
First we were served something called "croquetas".

Ich weiß nicht, wie ich erklären soll, was genau das ist.
I don´t know how to explain exactly what it is.

Es ist ein warmes Gericht, frittiert und mit einer leckeren Creme aus Schinken, Käse und Fleisch gefüllt.
It is a warm dish, fried and filled with a delicious crème of ham, cheese and meat.

Es gibt tausende von Variationen!
There are thousands of variations!

Danach hatten wir Oliven.
Afterwards we had olives.

Daraus wird Olivenöl gemacht, doch in Spanien isst man sie auch roh, im eigenen Öl, mit Essig, Knoblauch und Gewürzen.
Olive oil is made out of them, but in Spain they are also eaten raw, in their own oil, with vinegar, garlic and spices.

Wir mochten unsere ersten Tapas sehr.
We liked our first tapas very much.

Doch unsere Reise ging weiter und wir haben auch noch weitere Gerichte der spanischen Küche probiert.
But our journey continued and we also tried other dishes of the Spanish cuisine.

Eine der überraschendsten Speisen war für uns die berühmte Paella.
One of the most surprising dishes for us was the famous paella.

Wisst ihr, was Paella ist?
Do you know what paella is?

Wir fuhren nach Valencia, wo wir auf einem Campingplatz am Meer übernachten wollten.
We drove to Valencia, where we wanted to spend the night at a campground by the ocean.

Wir hatten ein Auto für unseren Strandurlaub gemietet und kamen nach ein paar Stunden Fahrt mit großem Hunger an.
We had rented a car for our beach holiday and arrived very hungry after a few hours driving.

Dort gab es ein „Chiringuito", eine Bar mitten am Strand, die in Spanien sehr beliebt sind.
There was a "chiringuito", a bar in the middle of the beach, which is very popular in Spain.

Die Spezialität dort war Paella.
The speciality there was paella.

Anne und ich zögerten nicht und bestellten uns eine Paella für zwei.
Anne and I didn't hesitate and ordered a paella for two.

Paella ist ein gelbes Pfannenreisgericht, das heiß gegessen wird.
Paella is a yellow rice fry dish that is eaten hot.

Der Reis schmeckt sehr gut und wird in der Regel mit allen möglichen Beilagen serviert, zum Beispiel mit Gemüse oder Hähnchen, aber auch mit Meeresfrüchten.

The rice tastes very good and is served with a lot of sides for example with vegetables or chicken, but also seafood.

Einige Dinge hatte ich vorher noch nie probiert, wie zum Beispiel Krebsfleisch.
Some things I had never tried before, like crab meat.

Vielleicht magst du Paella, vielleicht auch nicht, doch wenn du nach Spanien kommst, solltest du es probieren.
You may or may not like the paella, but if you go to Spain you should try it.

Wie wir nach und nach entdeckten, war es manchmal ein Abenteuer, in Spanien zu essen.
As we discovered little by little, sometimes eating in Spain was an adventure.

Zum Beispiel bestellten wir eines Tages im Norden von Spanien eine Tapa, die sich „Callos" nannte.
For example, one day we ordered tapas called "Callos" in the north of Spain.

Ich weiß nicht, wie ich sie euch beschreiben soll: Es war eine Art Schweinefleisch, das mir überhaupt nicht schmeckte, und das Ganze war etwas schleimig.
I´m not sure how I can describe them to you: It was some kind of pork, that I didn't like at all, and the whole thing was a bit slimy.

An einem anderen Tag, in der Stadt Burgos, die eine wunderschöne Kathedrale hat, aßen wir „Morcilla", eine Art schwarze, gewürzte Wurst, die aus Schweineblut gemacht wird.
Another day, in the city of Burgos, which has a marvellous cathedral, we ate morcilla, which is a sort of black spicy sausage that is made from pig's blood.

Wie ihr seht, isst man in Spanien sehr unterschiedliche und für einen Ausländer manchmal sehr seltsame Dinge!
As you can see, the dishes in Spain are very diverse and sometimes very strange for a foreigner!

Eine Spezialität vom Schwein, die wir sehr mochten, war der Serrano-Schinken.
One pork product that we loved was the Spanish ham.

In Spanien isst man viel Schweinefleisch, doch dieses Produkt kann ich euch wirklich empfehlen.
A lot of pork is eaten in Spain, but I can really recommend this product to you.

Es ist sehr köstlich!
It is very tasty!

Das Witzigste ist uns in einem Dorf passiert, in dem man uns eine Tapa mit Schnecken serviert hat!
The funniest thing happened to us in a village, in which we were served a tapa with snails!

Ja, wirklich, Schnecken!
Yes, really, snails!

Wir hatten keine Ahnung, wie man die isst!
But we had no clue how to eat them!

Anne, die mutiger ist als ich, hat sie probiert.
Anne, who is braver than me, tried them.

Doch das war zu viel für unsere Essgewohnheiten, deshalb aßen wir die Schnecken nicht.
Anne, who is much braver than I am, tried… but without good results. But this was too much for our eating habits, that´s why we didn't eat the snails.

Spanien ist ein Land mit vielen köstlichen, außergewöhnlichen Speisen.
Spain is a county with many delicious, extraordinary dishes.

Ihr werdet sie sicher auch sehr lecker finden, wenn ihr sie mit euren Freunden oder eurer Familie in eurem nächsten Urlaub entdeckt.
I´m sure you are going to think they are tasty as well, when you discover them with your friends or your family during your next holiday.

Wenn ihr diese und andere Gerichte probiert habt, könnt ihr nach eurer Rückkehr sicher tausend Geschichten darüber erzählen.
After you try these and other dishes, you will be able to tell thousands of stories about them upon your return.

Die merkwürdigen Geschäfte Spaniens
The strange shops of Spain

Ich heiße Martha und bin 42 Jahre alt.
My name is Martha and I'm forty-two years old.

Mein Mann Stephen und ich leben in einem kleinen Dorf im Mittleren Westen der USA.
My husband Stephen and I live in a little village in the midwest of the US.

Wir sind seit 20 Jahren verheiratet und haben zwei Kinder.
We have been married for twenty years and have two children.

Unsere Tochter Sarah ist 14 Jahre und unser Sohn John neun Jahre alt.
Our daughter Sarah is fourteen years old and our son John is nine years old.

Unsere Familie ist mit Liebe, Glück und schönen Momenten gesegnet, vor allem während unserer Reisen.
Our family has been blessed with love, happiness and very good moments, especially during our travels.

Unsere Kinder gehen noch zur Schule, und ich arbeite halbtags in einer Anwaltskanzlei.
The kids still go to school, and I work part-time in a lawyer's office.

Mein Mann hat seine eigene Firma, einen Autohandel mit mehreren Filialen in verschiedenen Landkreisen.
My husband has his own business of trading cars, and he has various shops in different counties.

Schon als Sarah und John noch sehr klein waren, haben Stephen und ich sie ans Reisen gewöhnt.
Since Sarah and John were very little, Stephen and I got them used to travel.

Das war schon immer unsere Leidenschaft! Bevor wir Kinder hatten, sind wir nach Vietnam, Südafrika und China gereist.
Travels have always been our passion! Before having children, we travelled to Vietnam, South Africa, and China...

Die exotischsten Länder waren uns am liebsten.
The most exotic countries were our favourites.

Doch seit unsere Kinder da sind, wurde Reisen ein wenig komplizierter, und wir begannen, nähere Ziele zu suchen wie Kanada, Mexiko und natürlich Europa.
But when we had children travelling became a little more complicated, and we started to choose closer destinations: Canada, Mexico, and, of course, Europe.

Die Entscheidung, welches Land in Europa man besuchen soll, ist sehr schwierig: alle haben viele attraktive Orte!
It's very difficult to decide which country to visit in Europe: all of them have many attractive venues!

Wir sind ein paarmal nach Frankreich und England gereist, doch Stephen wollte nach Spanien gehen kreuz und quer durch dieses Land reisen, das vielen Amerikanern etwas geheimnisvoll vorkommt, mit seinen seltsamen Eigenheiten wie Flamenco oder Stierkampf.
We've travelled to France and the United Kingdom a couple of times, but Stephen wanted to go to Spain and travel across this country, that seems a little mysterious to a lot of Americans, with its weird peculiarities, like flamenco or bullfights.

Deshalb haben wir uns vor zwei Jahren entschieden, eine große Familienreise nach Spanien zu machen – natürlich mit

den Kindern, die viele Ideen hatten, was sie dort gerne sehen wollten.
So, two years ago we made a decision and planned a big family trip to Spain, with the kids of course, who gave us a lot of ideas about what they would love to visit there.

Wir haben fast sechs Monate lang gebraucht, diese Reise zu organisieren und Flug- und Zugtickets sowie Eintrittskarten für die Sehenswürdigkeiten der verschiedenen Städte zu kaufen.
We have spent almost six months just planning the trip, buying the plane tickets, train tickets, tickets for the attractions of the different cities…

Wir wollten alles sehr gut im Voraus planen und vermeiden, dass irgendetwas schief ging!
We wanted to have everything very well planned and avoid that anything would go wrong!

Anfang August flogen wir nach Madrid und nach über zwölf Stunden Flug mit Zwischenstopps waren wir endlich in Spanien!
At the beginning of August we flew to Madrid, and after more than twelve hours of different flights we finally were in Spain!

Wir hatten einen ganzen Monat vor uns, um dieses faszinierende Land mit seiner jahrtausendealten Geschichte zu entdecken.
We had an entire month in front of us to discover that fascinating country with a millennium of history.

Das Erste, was uns auffiel, war, dass wir zwar alles sehr gut vorbereitet hatten, doch nicht daran gedacht hatten, dass es in Madrid so heiß sein würde.
The first thing we realised was that we had prepared everything very well, but without keeping in mind that it was going to be so hot in Madrid.

Deshalb haben wir zunächst einmal eine Sonnencreme gekauft.
Therefore, the first thing we did was going to buy a sunscreen.

Und da begann unser Einkaufsabenteuer in Spanien.
And there our shopping adventure in Spain started.

Spanien und die Vereinigten Staaten sind sehr unterschiedlich, was das Einkaufen angeht.
Spain and the United States are very different regarding shopping.

In unserem Land kannst du in eine Apotheke gehen und alles kaufen, von Medikamenten bis zum Shampoo.
In our country you can go to a pharmacy and buy everything, from medicines to shampoo.

In Spanien jedoch ist es nicht so.
But in Spain it's not like that.

In den Apotheken werden üblicherweise nur Medikamente verkauft!
And, in the pharmacies… in general… they only sell medicines!

Deshalb haben wir fast einen ganzen Morgen damit verbracht, ein, zwei, drei, unendlich viele Apotheken zu besuchen, bis uns schließlich ein Mädchen darüber aufklärte, dass wir zu einer „Droguería" gehen mussten, um Sonnencreme zu kaufen.
So, it took nearly one whole morning going to one, two, three, infinite pharmacies until we realised, because finally a girl explained to us, that we had to go to a "droguería" to buy that.

Später sahen wir im Wörterbuch, dass „Droguería" „Drogerie" heißt.
Later, we saw in the dictionary that "droguería" meant "drug store".

49

Wir fanden endlich eine und kauften unsere Sonnencreme.
We finally found one and bought our sunscreen.

Nach ein paar Tagen in Madrid, wo wir den wunderbaren
Prado besichtigt haben weil ich Kunst liebe, und auch das
Santiago Bernabéu Stadion besucht haben weil mein Sohn
ein großer Fußballfan ist, sind wir nach Barcelona gegangen.
*After a few days in Madrid, where we visited the marvellous
Prado Museum, because I love art, but also the Santiago
Bernabeu Stadium (because my son is a huge fan of soccer),
we went to Barcelona.*

Barcelona ist die zweitgrößte Stadt Spaniens und liegt am
Mittelmeer, eine wunderschöne Stadt!
*It's the second biggest city in Spain and is located at the
Mediterranean, it's a beautiful city!*

Eines der Dinge, die uns am meisten gefallen haben, war eine
besondere Art von Bar, die es – soweit ich weiß – nur in
Spanien gibt: den Chiringuito.
*One of the things we loved most was a very special kind of bar
that only exists in Spain (as far as I know): the chiringuito.*

Was ein Chiringuito ist?
What the chiringuito is?

Es ist eine Bar am Strand, im Sand, wo man alles bestellen
kann, vom Kaffee bis zum Cocktail am Abend, aber auch eine
wunderbare Paella oder ein Bier.
*It´s a bar that is on the beach, in the sand, where you can
order anything from a coffee to a cocktail in the evening, but
also a marvellous paella or a beer.*

Findet ihr nicht auch, dass diese One-Stop-Shops genial sind?
Don't you think that all these all-in-one venues are great?

In Barcelona haben wir viele Ausflüge an den Strand und auf den Berg Montserrat gemacht, der nahe bei der Stadt liegt. Meine Tochter hatte die großartige Idee, für die Exkursionen Sandwiches zu machen.

In Barcelona we made several excursions to the beach and the mountain of Montserrat, very close to the city, and for the excursions, my daughter had the great idea of making sandwiches…

Natürlich gibt es in Barcelona, wie in ganz Spanien, Supermärkte, und es hat uns großen Spaß gemacht, die einzelnen Geschäfte für die verschiedenen Lebensmittel zu entdecken.

Of course, in Barcelona there are supermarkets like in the rest of Spain, but we loved to discover the special shops for the different groceries.

Wenn du zum Beispiel auf deiner Spanienreise Fleisch kaufen möchtest, solltest du eine „Carnicería" suchen, das ist eine Metzgerei.

For example, if you want to buy meat on your trip to Spain, search for a "carnicería", this is a meat shop.

Desweiteren gibt es „Charcuterías", wo Wurstwaren verkauft werden.

Furthermore, there are "charcuterías" which is the place where sausages are sold.

Obst und Gemüse findest du in einer „Frutería", also einem Obstgeschäft.

Fruits and vegetables you will find in the "frutería", in other words, the fruit shop.

Und so gibt es „Panaderías" für Brot, „Pescaderías" für Fisch und so weiter.

And so there's "panaderías" for bread, "pescaderías" for fish…

Natürlich gibt es diese Art von Geschäften auch in den Staaten.
Of course, in the States there are also these kinds of shops.

Der Unterschied zu den USA ist, dass spanische Läden so lustige Namen haben und dass sich diese Geschäfte üblicherweise im „Mercado" (Markt) oder ganz in der Nähe davon befinden.
The difference to the US is that Spanish shops carry these funny names and that they are usually located in the "mercado" (market) or in the areas surrounding it.

Es macht großen Spaß, morgens auf den Markt zu gehen, wenn alle spanischen Hausfrauen auch dort sind und man in den Genuss ihrer Ratschläge und Empfehlungen kommt – sie sind sehr nett!
It's a lot of fun going to the mercado in the morning, when all the Spanish house keepers are there as well and you can enjoy their advice or recommendations… they are very nice!

Nach Barcelona entschieden wir uns, den Norden Spaniens zu besuchen.
After Barcelona we decided to visit the north of Spain.

Wir verbrachten ein paar Tage in Santiago de Compostela, der Stadt, in der der Jakobsweg endet, ein sehr spiritueller Ort.
We spent a couple of days at Santiago de Compostela, the place where the Path of Saint James ends.

Sehr merkwürdig ist, dass es in Spanien viele verschiedene Arten von Kirchen mit einer Vielzahl von Namen gibt: Kathedrale, Basilika, Eremitage …
A very spiritual city. A very odd thing is that in Spain there are many kinds of churches with all sorts of names: cathedral, basilica, hermitage…

Das liegt an der langen christlichen Geschichte und Tradition, die dieses Land hat.
This is because of the long Christian history and tradition the country has.

Von dort aus fuhren wir zu einem kleinen Dorf in Asturien, das ganz in der Nähe lag.
And from there, we went to a very close village in Asturias.

Alles war sehr grün, sehr lebendig, mit vielen Wäldern und Kühen, die mitunter die beste Milch Europas produzieren.
Everything was very green, very alive, full of forests and cows that produce some of the best milk in Europe.

In Asturien entdeckten wir noch ein andres seltsames Lokal, die „Sidrería".
In Asturias we discovered another strange venue, the sidrería.

Die Sidrería ist eine Bar, in der man fast ausschließlich Sidra (Cidre) serviert, ein alkoholisches Getränk, das aus Äpfeln gemacht wird!
The sidrería is a bar where mainly sidra (cider) is served, an alcoholic drink that is made from…apples!

Es ist süß und schmeckt frisch, aber man muss es mit Vorsicht genießen, denn es enthält Alkohol.
It's sweet and very fresh, but you have to drink it with care, because it contains alcohol.

In den Sidrerías gibt es Tapas und andere Gerichte, aber mit eher geringer Auswahl denn ihr Hauptangebot ist Sidra.
In the sidrerías there are some tapas and something to eat, but with very little variety since their main offer is the sidra.

Von Oviedo aus, der Hauptstadt Asturiens, sind wir in den Süden des Landes geflogen, weil wir uns zwei geschichtliche und kulturelle Juwelen Spaniens nicht entgehen lassen wollten: Sevilla und Granada.

From Oviedo, the main city in Asturias, we left by plane to the south of the country, because we didn't want to lose two historic and cultural jewels in Spain: Seville and Granada.

In diesen beiden andalusischen Städten haben wir nicht nur die beeindruckendsten Gebäude und Plätze entdeckt, sondern auch einige wirklich sonderbare Geschäfte und Lokale.

In these two Andalusian cities we not only discovered the most impressive buildings and places, but also some really odd shops and venues.

Zum Beispiel gibt es in Sevilla viele Geschäfte, die nur Flamenco-Kleidung verkaufen, also Kleider, Schuhe, „Peinetas", „Mantones", Hüte für Männer, Jacken – kurz gesagt alles, was man an Flamenco-Tänzerinnen und -Tänzern sehen kann.

For example, in Seville, there were countless of shops that sold only flamenco apparel, with dresses, shoes, "peinetas", "mantones", hats for men, jackets…

Doch das sind auch die Kleider, die auf den „Ferias" getragen werden, den großen jährlich stattfindenden Festen, die in vielen andalusischen Städten gefeiert werden.

To sum it up, everything we see on flamenco´s dancers, but it's also clothes that are used in the "ferias", a big annual party that is celebrated in many Andalusian cities.

Die Erfahrung, die wir beim Erkunden der schönen Orte Spaniens gemacht haben, war wunderbar, doch die Geschäfte mit den lustigen Namen kennenzulernen, in denen nur eine Art von Produkt verkauft wird, war sehr lustig!

Our experience of discovering wonderful places in Spain was great, but getting to know these shops with those funny

*names, where they only sell one kind of product, was very
funny!*

Wir haben dank dieser Entdeckungen während unseres
Monats in Spanien viel Spanisch gelernt, und ich hoffe, dass
ihr auch viel von unserer Geschichte gelernt habt.
*We learned a lot of Spanish during our month in Spain thanks
to these discoveries, and I hope you too have learned of our
story.*

Warum ich? Die Kurzgeschichte des tollpatschigen Georges
Why me? The short story of clumsy George

Wenn du dich selbst für tollpatschig und für einen Pechvogel hältst, kannst du dir sicher sein, dass das nichts im Vergleich zu meinem Freund George ist.
If you think you are clumsy and unlucky, I am sure that it is nothing compared to my friend George.

George ist ein 17-jähriger Jugendlicher, der durch alle nur vorstellbaren, peinlichen Situationen gegangen ist.
George is a 17 year old who has gone through every possible humiliating incident.

Der arme, kleine Franzose, Bewohner der Stadt Paris, hat sich bereits 7 Knochen gebrochen, darunter den Oberschenkelknochen und das Schlüsselbein.
The poor little French boy, a resident of the city of Paris, has already broken 7 bones, including the femur and collarbone

Er wurde mit 89 Stichen genäht und daraufhin hat er mit den schlechtesten Ruf der Stadt erhalten.
He has had 89 stitches and consequently got one of the worst reputations in the city.

Man nennt ihn den tollpatschigen Schlumpf von Paris.
He is called the clumsy smurf of Paris.

Glaubst du mir nicht? Hier ist ein Tag seines Lebens:
Don't believe me? Here's a day of his life:

George steht jeden Morgen um 7 Uhr auf um pünktlich zum Frühstück zu kommen.

56

George gets up at 7am every morning to be on time for breakfast.

Sein Wecker klingelt und im Versuch ihn auszuschalten, stößt er ein Glas Wasser auf ein Elektrokabel um und verpasst dadurch seiner einjährigen Katze Saphir fast einen Stromstoß.
His alarm rings and he tries to turn it off. By doing so, he knocks over a glass of water on an electrical wire and almost electrocutes his 1 year old cat, Saphir in the process.

Es ist erstaunlich, dass seine Katze für so lange Zeit überlebt hat.
It is surprising that the cat has lived for even that long.

Georges letztes Haustier, sein Goldfisch, komischerweise Kornblume genannt, ist in einem Autounfall gestorben, als George versuchte ihn von dem Geschäft, in dem er ihn gekauft hatte, nach Hause zu transportieren.
The last pet George owned, his goldfish oddly named cornflower, died in a car accident when George tried to bring him home from the pet store, where he had bought him.

Als er die Treppen hinuntergeht, fällt er über die zweite Stufe, eine Stufe weiter als gestern.
Walking down the stairs he falls down at the second step, one more step than yesterday.

Seine Mutter wartet bereits unten an der Treppe auf ihn, sie ist mit Pflastern und Verbänden in ihren Händen auf alles vorbereitet.
His mother is already waiting for him at the bottom of the stairs, ready with band-aids and gauze in hand!

„George, es sind bereits drei Tage, an denen ich dich nicht ins Krankenhaus gebracht habe.
"George, it's been three days since I haven't brought you to the hospital.

Du bist nahe daran deinen Rekord von 4 Tagen ohne dort zu sein zu brechen.
You're getting close to breaking your record of four days without going.

Pass auf, mein Junge! Es ist ein sehr wichtiger Tag, weißt du? Heute ist der Dreikönigstag und ich habe unseren Dreikönigskuchen für heute Abend vorbereitet."
Pay attention, my boy! This is a very important day, you know? Today is theThree Kings Day and I prepared our pie for tonight."

„Ja, Mama, ich weiß schon, dass wir den 6ten Januar haben, aber mir ist gar nicht so richtig danach.
"Yes mum. I know very well that we are on January 6ᵗʰ, but I don't feel like it.

Ich werde die Porzellanbohne finden, die Pech bringt und in dem Kuchen versteckt ist."
I will find the unlucky porcelain bean hidden in the pie"

„Das stimmt wahrscheinlich, mein Sohn, aber zumindest kannst du den Nachtisch genießen!"
"That's probably true, my son, but at least you can enjoy the dessert!"

Ohne Risiko in der Küche einzugehen, wer weiß, welche Dinge dem kleinen George dort zum Stolpern bringen könnten, geht er nach draußen um etwas Luft zu schnappen.
Without taking any chances in the kitchen, who knows what sort of things little George could trip over in there, he goes outside to get some air.

Der Schnee spiegelt das glänzende Licht in Georges Augen, aber er schafft es zum Bürgersteig zu laufen.
The snow reflects the bright light in George's eyes, but he manages to walk towards the side-walk.

Auf die Anweisungen seiner Mutter hörend, versucht er sein Bestes vorsichtig zu sein.
Listening to the instructions of his mother, he tries his best to be cautious.

Unglücklicherweise kann George dies zwar ruhig versuchen, doch die Schwierigkeiten holen ihn überall wieder ein.
Unfortunately, George can try well, but trouble finds him everywhere.

Um das Eis auf der einen Seite des Bürgersteigs zu vermeiden, fängt er an auf dem Schnee der anderen Seite zu laufen.
Trying to avoid the ice on one side of the sidewalk, he walks on the snow on the other side.

Doch dem armen Dummkopf war nicht klar, dass sich Eis auch unter dem Schnee befindet.
But the poor little fool didn't realise that there is also ice beneath the snow.

Nachdem er immer weniger auf seine Schritte achtete, rutschte George auf der Straße etwa 20 Meter von seiner Eingangstür aus, 5 Meter früher als gestern.
Paying less and less attention on his steps, George slipped on the door, about 20 meters from his doorstep, 5 meters less than yesterday.

Beim Aufstehen bemerkt er, dass er sich sein Steißbein gebrochen hat.
Getting up, he realises that he broke his tailbone.

Zum Glück weiß er, dass er mit einer solchen Verletzung nicht ins Krankenhaus muss, nach seiner Erfahrung mit hundertfachen Verletzungen ähnlicher Art, kennt er sich auf diesem Gebiet gut aus.
Fortunately, he knows he will not have to go to the hospital for this injury, with the experience of hundreds of injuries of the same type, he is well informed in this area.

Da er nicht noch mehr Risiko eingehen will, geht er vorsichtig zu sich nach Hause zurück.
Without taking any more chances, he returns home carefully.

Und natürlich! Als er bei sich zu Hause die Küche betritt, rutscht er auf einer Bananenschale aus, die sein Bruder absichtlich auf dem Boden hat liegen lassen, nachdem seine Mutter diesen gerade gewischt hatte.
And yes! Upon entering the kitchen at home, he slips on a banana peel his brother has purposefully left on the slippery floor which his mother had just mopped.

„Wieder einmal typisch!" sagt sein Bruder Antoine mit einem Lachen, das den ganzen Raum erfüllt.
"So cliché, I love it!" said his brother Antoine with a laugh that filled the room.

„Wie ich es mag dich leiden zu lassen!
"How I love to make you suffer!

Und außerdem sorge ich dafür, ich, der jüngste in der Familie, dass du heute Abend nicht die Glücksbohne bekommst!"
And on top of that, me, the youngest of the family, will make sure that you won't find the lucky figurine tonight!"

„Das reicht Antoine!" befiehlt die Mutter. Das kurze Gespräch war damit abrupt beendet.
"Enough Antoine!" ordered their mother. The brief conversation ended abruptly with this comment.

George stieg die Treppe hinauf und schaffte es bis zur dritten Stufe, bevor er mit dem Gesicht nach vorne direkt auf seine Nase fiel.
George climbed up the stairs and got to the third step before falling face forward directly on his nose.

Es ist überraschend, dass bei all den Verletzungen seine Nase ganz geblieben ist.

*It is surprising that with all these injuries, his nose has
remained intact.*

Dieses Mal ist es sein Vater, der sich am Ende der Stufen mit
Pflaster und Verband in den Händen bereithält.
*This time though, it is his father who turns up at the end of the
stairs with dressings and bandages in hand.*

George geht zurück in sein Zimmer und der kleine Saphir
versteckt sich schnell weit weg von seinem Herrchen.
*George returns to his room and Saphir rushes to hide far away
from his master.*

George geht in das Badezimmer. Der Boden, auch von seiner
Mutter geputzt, war sehr rutschig.
*George enters his bathroom. The floor, also cleaned by his
mother, was very slippery.*

Und na klar, George rutscht direkt auf sein Steißbein aus.
And of course, George slipped directly on his tailbone.

Während er sich schön, warm duschte, um sich auf andere
Ideen zu bringen, ist George ganze 18 mal in 6 Minuten die
Seife aus der Hand gefallen, sprich 3 Mal pro Minute, einmal
alle 20 Sekunden.
*While he was taking a good, hot shower to clear his head,
George dropped his bar of soap in total 18 times in 6 minutes,
so 3 times per minute, once every 20 seconds.*

Als ob das noch nicht genug Pech wäre, fehlte es George an
warmem Wasser und das kalte Wasser aus dem Wasserhahn
ließ ihn frieren.
*As if it wasn't enough bad luck already George ran out of hot
water and froze from freezing tap water.*

Der plötzliche Temperaturwechsel überraschte ihn, sodass er
auf seinen Rücken fiel.
*This sudden change in temperature took him by surprise and
sent him falling on his back.*

Während seines Falls versuchte er sich an seinem Duschvorhang festzuhalten, um sein Gleichgewicht nicht zu verlieren.
During his fall, he tried to grab his shower curtain in attempt to regain his balance.

Am Ende lag er auf dem Boden, vom Duschvorhang bedeckt wie ein menschlicher Burrito, mit Wasser, welches sich aus der Badewanne im Badezimmer über den ganzen Boden verteilt.
He ended up lying on the floor, wrapped in the shower curtain like a human burrito, with water flowing from the tub all over the floor.

Er schaffte es sich ohne Probleme anzuziehen.
He managed to get dressed without any problems.

Seine Mutter ließ ihn sich jedoch umziehen, weil er ein kariertes Hemd trug, welches voller gelber Senfflecken war und eine Hose voller orange- und grünfarbigen Strichen.
However, his mother made him change his clothes because he wore a plaid shirt, stained with mustard and a pair of stripped orange and green pants.

George war wohl eher nicht farbenblind, auch wenn seine Mutter daran ihre Zweifel hatte.
George was rather not colour-blind, but his mother had her doubts.

George entschied sich bis zum Abendessen zu schlafen. Seiner Meinung nach war er beim Schlafen vor möglichen Unfällen sicher.
George decided to sleep until dinner. According to him, during the sleep, he was protected against any possible accidents.

Während seines Schlafs jedoch, wälzt und bewegt er sich überall herum.

However, during his rest, he tumbles and moves everywhere around.

George schlafwandelt auch oft. Er rennt in seinem Zimmer in alle Richtungen umher und wirft mit Gegenständen um sich.
George also sleepwalks. He runs in all directions of his room and throws objects.

Seine arme Katze ist das Opfer dieses Angriffs.
His poor cat, it is the victim of this attack.

Um 6 Uhr ist es Zeit für's Abendessen.
At 6 o' clock, it's time for dinner.

Auf seinem Weg dorthin stolpert George mehrere Male, doch das überrascht nicht!
While heading there, George stumbles several times, not surprisingly!

Seine Mutter bereitet den Tisch vor und deckt mehrere Gerichte.
His mother sets the table and serves several dishes.

Als er einen Teller mit Rosinen und Käse sieht, streckt George seine Hand aus, um sich ein Käsemesser und einen Teller zu nehmen.
Seeing a plate of cheese and grapes, George reaches out to take a cheese knife and a plate.

Ohne zu zögern reicht ihm seine Cousine Juliane ein kleines Pflaster.
Without hesitation, his cousin Julianne hands him a small bandage.

Etwas verwirrt schaut George auf seine Hand.
A bit confused, George looks at his hand.

Und tatsächlich hatte er sich zwischen den Zeigefinger und den Daumen geschnitten.
And yes, he had cut himself between his thumb and forefinger.

Gelächter breitete sich um den Esstisch herum aus.
Laughter began to spread around the dinner table.

Zum Hauptgericht kommt der kleine Saphir herbei und springt auf den Schoß seines Herrchens.
Having arrived for the main course, Saphir jumps on the lap of his master.

Um ihn mit ein bisschen Fisch zu füttern, hält George ihm seinen Teller unter den Tisch.
Wanting to feed him some fish, George holds his plate under the table.

Auch wenn es nicht vollständig die Schuld unseres tollpatschigen Schlumpfs war, fiel der Teller herunter und zerbrach in 1000 Stücke.
Although it was not entirely the fault of our clumsy smurf, the plate fell down and burst into pieces.

Seine Mutter ging zurück in die Küche, um einen neuen Teller zu holen, diesmal fand George sich mit einem Papierteller wieder.
His mother returned to the kitchen to get another plate, this time though, George was given a paper one.

Es ist endlich Zeit für den Dreikönigskuchen!
It's finally time for the king's pie!

Antoine, der jüngste der Familie, schnitt den Kuchen an und servierte ihn seiner Familie.
Anthony, the youngster of the family, cut the cake and served his family.

Vorsichtig schnitt er das erste Stück ab und gab es an seine Mutter.

Gently, he cut the first piece and gave it to his mother.

Das zweite Stück wurde an seinen Vater gegeben und so weiter.
The second piece was given to his father and so on.

Das letzte Stück, kleiner als die anderen, wurde an George verteilt.
The last piece, smaller than the others, was given to George.

Ohne zu warten steckt George seinen Löffel in die Mitte seines Kuchenstücks und stochert in dem Mandelteig herum.
Without hesitation, George dips his spoon in the middle of his piece and digs through the almond dough.

Ohne zu warten steckt George seinen Löffel in die Mitte seines Kuchenstücks und stochert in dem Mandelteig herum.
With the time, he started to get discouraged. He makes a second pass through the yellowish cream.

Er schaut alle seine anderen Familienangehörigen an. Diese schauen auf seine Mutter mit einem leichten Schmunzeln.
He looks at all the other members of his family. They all look at his mother with a discreet smile.

Normalerweise würden die Anderen sich ärgern, wenn sie die Glücksbohne nicht finden.
Normally, the others would be frustrated if they don't find the lucky figurine.

George ist verwirrt. Er sieht seinen Bruder unter dem Tisch weinen und entscheidet sich nochmals in seinem Kuchen nachzuschauen.
George is confused. He sees his brother crying under the table and he decides to have another look into his cake.

Indem er etwas näher am Boden stochert, fühlt er etwas mit einer vom Teig unterschiedlichen Konsistenz, etwas Härteres.

*By digging a little deeper, he feels something with a texture
different from the cake, a harder texture.*

George war ganz aufgeregt! Er schneidet seine Kuchen in
zwei Stücke und nimmt sich einen Löffel voller Mandelcreme.
*George was ecstatic! He cuts his cake in half and takes a big
dollop of cream.*

Und tatsächlich! Er findet dort einen kleinen König aus
Porzellan!
And as a matter of fact! He finds a small porcelain king!

Die Glücksbohne soll demjenigen Glück und Freude bringen,
wer auch immer sie findet.
*The figurine is supposed to bring luck and joy to whoever finds
it.*

In der Hoffnung genau dies bekommen zu haben, steht
George auf und läuft schnell in Richtung Treppe.
*With the hope of having some newfound luck, George gets up
and rushes towards the stairs.*

Eins, zwei, drei, vier, fünf, sechs, sieben, acht, neun, zehn, elf
und zwölf.
*One, two, three, four, five, six, seven, eight, nine, ten, eleven
and twelve.*

Er schafft es ohne Probleme alle Stufen hochzugehen.
He managed to climb all the stairs without any problem.

Mit demselben Glück geht er auch wieder hinunter, er sieht
seine Mutter mit Pflastern und Verbänden, die ihn mit Stauen
und Freude anschaut.
*He makes it down with the same luck. He sees his mother with
dressings and bandages, watching him with a surprised and
joyful look.*

George geht nach draußen und rennt auf dem Eis.
George goes outside and runs on the ice.

Zehn Meter, zwanzig, dreizig, vierzig, fünfzig, sechszig, siebzig, achtzig, neunzig, einhundert.
Ten metres, twenty, thirty, forty, fifty, sixty, seventy, eighty, ninety, one hundred.

Er rennt wieder zurück, ohne Probleme!
He runs back without any problems!

An diesem Abend erklärt die Mutter von George und Antoine alles ihrem Mann.
That evening, the mother of George and Antoine explains everything to her husband.

„Ich habe Glücksbohnen in jedes Kuchenstück gesteckt.
"I put figurines in each piece of the pie.

Ja, ein Bruch mit der Tradition, aber manchmal braucht es nur einen Placeboeffekt, um uns zu heilen.
Yes, a break with tradition, but sometimes a placebo effect is all that it takes for us to heal.

Unser kleiner Schlumpf ist zum Held geworden, und ich bin sehr glücklich darüber."
Our little smurf has become a hero. And I'm so happy about it."

„Bravo Lise! Ich habe immer gewusst, dass du im Stande bist alles für unsere Familie zu tun.
"Good job Lisa! I always knew you were capable of doing everything for our family.

Ich hoffe wiederum, dass dir klar ist, dass nächstes Jahr sein Glück eventuell vorbei ist, wenn er nicht wieder seinen kleinen Porzellankönig findet", antwortete der Vater mit einem neckischen, jedoch liebevollen Lachen.
I hope you realise though that next year, his luck might be gone if he does not find his little porcelain king again." the father answered with a mocking, but loving laugh.

Im Leben ist es wichtig immer die gute Seite der Dinge zu sehen.
In life, it is important to always see the good side of things.

Die Menschen haben nicht immer ein einfaches Leben, aber man kann aus dieser Geschichte lernen.
People don't always have an easy life, but we can learn from this story.

Nimm dein Leben in die Hände und kämpfe für deine Träume.
Take your life in your own hands and strive to achieve your goals.

Eines Tages wirst du deine magische Glücksbohne finden.
One day you will find your very own magic figurine.

*1
Le petit déjeuner: „Frühstück" auf französisch. In nordamerikanischem französisch wird oft stattdessen der Ausdruck „déjeuner" verwendet.
Le petit déjeuner: breakfast in French. In North American French, the term déjeuner is often used instead.

2*
„L'épiphanie" oder Dreikönigstag ist ein französischer Feiertag. Es ist Tradition eine „Galette des Rois" an diesem Tag zu servieren. Dieser süße Nachtisch wird im Allgemeinen aus Mandelcreme in Blätterteig gebacken. In dem Nachtisch versteckt der Bäcker eine kleine Porzellanfigur, die Glück und Freude bringen soll.
L'épiphanie is a French celebration. It is tradition to serve a Galette des Rois during this holiday. This sweet desert is generally made of almond based custard surrounded by a flaky pastry. The top is elegantly decorated. In the dessert, the maker hides a small porcelain figurine that is supposed to give luck and happiness to its finder.

3*

Daltonien: farbenblind
Daltonien: colour-blind / color-blind

*4
Benjamin: Das jüngste Mitglied der Familie. Dieses Familienmitglied verteilt traditionellerweise die Galette des Rois.
Benjamin: the youngest member of the family. This family member traditionally serves the Galette des Rois.

Verliebt in Venedig
Falling in love in Venice

1) Maria und Sandro, eine vergangene Liebe
1) Maria and Sandro, an ended love

Nachdem ich mich nach der Trennung von Sandro eine Weile mit niemandem mehr verabredet habe, fange ich nun wieder an das Leben zu genießen, und ich bin sogar noch inspirierter als früher!
After taking some time off dating after the break-up with Sandro, I started enjoying life again, and I'm even more inspired than before!

Nach einer zweijährigen Beziehung, als wir sogar von Ehe sprachen, ging unsere Liebe vor die Hunde.
After two years of relationship, when we were even talking of getting married, our love went to the dogs.

Vielleicht würdet ihr ja gerne den Grund dafür wissen?
Perhaps you would like to know the reason.

Ich werde es euch sofort erzählen!
I'm telling you straight away!

2) Warum wir uns getrennt haben
2) Why we broke up

Seine Eltern waren unsere Gäste im Haus, das ich an der Lagune von Venedig besitze, wo wir entschieden hatten, nach der Hochzeit zu leben.
His parents were our guests in the house I own in Venice, on the lagoon, where we had chosen to live after the wedding.

Sie waren seit drei Tagen bei mir und verbrachten Weihnachten mit uns. Am 2.
They had been with me for three days and they spent Christmas with us.

Januar fuhren sie ab (Gott sei Dank!) und kehrten in ihre Heimatstadt Verona zurück.
They left on 2nd of January (thank goodness!) and went back to their home town, Verona.

Alles begann mit einem Streit, den seiner Mutter Paola angefangen hatte, die darauf bestand, dass wir in ihrer Stadt, in der Sandro geboren war, heiraten sollten.
It all began with the argument started by his mother, Paola, who insisted on having the wedding celebrated in their town, where Sandro was born.

Sein Vater mischte sich in die Diskussion nicht ein und versuchte stattdessen meinen Blick einzufangen, um mir zu verstehen zu geben, dass er die Forderungen seiner Frau nicht teilte, wie er mir kurze Zeit danach bestätigte.
His dad didn't take part in the argument, instead he rather kept trying to catch my eye to make me understand that he did not share his wife's demands, as he confirmed to me shortly after that.

Diese Erinnerung werde ich unter meinen schönsten aufbewahren, da ich verstand, dass er es ehrlich meinte und dass er in diesem Moment vielleicht auch gerne das Fenster geöffnet und seine Frau ein schönes Bad im eiskalten Wasser der Lagune hätte nehmen lassen.
I will keep this one among my most beautiful memories, because I understood that he was sincere and that in that moment maybe he, too, would have opened the window and let his wife take a nice little bath in the freezing water of the lagoon.

Und tatsächlich störte der Streit die Liebesidylle zwischen mir und Sandro, der mich nicht in Schutz nahm (vielleicht wegen zu viel Liebe für seine Mutter) und mich sogar gescholten hatte, weil ich meine Stimme gegen seine liebe Mutter erhoben hatte.

In fact, the argument interrupted the love idyll between me and Sandro, who didn't stand up for me (maybe due to too much love for his mother) and even reprimanded me for raising my voice with his dear mum.

Am folgenden Tag, als er seine Eltern nach Verona begleitete, wusste ich schon, dass unser Liebestraum geplatzt war. Ich irrte mich nicht.

The following day, when he accompanied his parents to Verona, I had already understood that our love dream had vanished. I wasn't wrong.

Vielleicht von seiner Mutter getrieben, rief er mich drei Tage lang nicht an, und ich dachte nicht im Traum daran, es zu tun.

Maybe driven by his mother, he didn't call me for three days and I didn't even think of doing it.

Nach einer Woche rief er an, um mir zu sagen, dass es vielleicht besser für alle wäre, wenn wir alle unseren gemeinsamen Projekte beiseitelegten.

After one week, he phoned to tell me that it was perhaps better to put all of our projects aside, for everybody's sake.

Meine Welt brach zusammen und zwischen Wut und Enttäuschung zog ich mich in meine Einsamkeit zurück und schwor mir selbst, mich nie mehr zu verloben!

My world fell apart and I, between rage and disappointment, retired into my solitude, swearing to myself that I would never ever get engaged again!

Die Liebe zwischen uns war aus... für immer!

The love between us was over... forever!

3) Eine neue Begegnung
3) A new encounter

Marco lief neben Claudia (seiner Schwester) und ihrem Verlobten (meinem Bruder).
Marco was walking next to Claudia (his sister) and her fiancé (my brother).

Wir gingen zur Rialtobrücke, um Claudias Abschluss in Jura zu feiern und er lud uns zum Mittagessen in ein Restaurant ein, in dem ein Freund von ihm arbeitete.
We were heading for the Rialto Bridge in order to celebrate Claudia's graduation (in Law), and he took us to lunch in a restaurant where a friend of him worked.

Als wir eintraten, nahm er sofort neben mir Platz, den zwei Verlobten gegenüber.
When we got in, he immediately took a seat next to me facing the two fiancées.

Er hatte einen Strauß roter Rosen und einen mit Alpenveilchen mitgebracht.
He has brought one bouquet of red roses and one of cyclamen with him.

Am Tisch legte er die Rosen auf einen Glückwunschbrief für seine Schwester und sagte mir sofort: "Und der hier ist für dich".
At the table he laid the roses on a greetings letter for his sister and said right away: "And this one is for you".

Nach dem Mittagessen setzten wir uns an einen Tisch in der Nähe des Ufers, um eine Tasse Kaffee zu trinken.
After lunch we sat at a table near the edge to have a cup of coffee.

Inzwischen war die Aufmerksamkeit nur auf mich gerichtet und wir redeten (mein Bruder vor allem) über das Scheitern meiner Beziehung mit Sandro und meine Wut allen Männern gegenüber.

Meanwhile, the general focus of attention had passed exclusively to me; we spoke (my brother in the first place) about the failure of my relationship with Sandro and my anger towards all men.

Da ich das Gefühl hatte, infrage gestellt zu werden, nutzte ich die Chance, meiner Wut Ausdruck zu verleihen, doch ohne zu übertreiben – auch um Marco nicht verlegen zu machen, weil er mir den Hof machte und ich hatte es vom ersten Augenblick begriffen.

Feeling called into question, I took the chance to express my rage, but without exaggerating – also not to embarrass Marco, who was courting me, and I had understood that from the first moment.

Und, um die Wahrheit zu sagen, freute es mich sehr.

And, to tell the truth, it really delighted me.

4) Ein feiner und ehrlicher Typ

4) A fine and sincere guy

Inzwischen brach der Abend an und man konnte die ersten Lichter in der Lagune sehen, die das einzigartige Gewässer beleuchteten, das nur das schöne Venedig zu bieten hat.

Meanwhile the evening had come and the first lights were visible on the lagoon, enlightening the unique stretch of water, which only the beautiful Venice can offer.

Es ist ein äußerst bewegendes Gefühl, bei diesem Schauspiel anwesend zu sein, nicht nur für Touristen, sondern auch für alle Venezianer, die in der Stadt leben.

Being present at this site is an extremely touching feeling, not only for tourists, but also for all Venetians who live the city.

Für mich war es traurig, da ich an die Liebe dachte, die ich nicht mehr fühlte und glaubte, für immer verloren zu haben.
It was sad for me, thinking of the love I didn't feel anymore and which I thought I had lost forever.

Dann ging ich nach Hause, verwirrt aber glücklich.
At this point, confused but happy, I went back home.

Am folgenden Tag hörte ich die Türklingel und dachte, es sei meine Nachbarin oder der Briefträger, doch wen habe ich stattdessen vorgefunden?
The following day I heard someone ringing my doorbell, I thought it was my neighbour or the postman, but who did I find instead?

Marco! Er hatte einen Rosenstrauß nur für mich (blaue diesmal), war noch eleganter gekleidet als am vorigen Abend, und hatte eine andere Frisur (glatt mit Haargel).
Marco! He had a bunch of roses just for me (blue ones this time), was dressed even more elegantly than the day before and had a different hairdo (straight with hair gel), a very refined one.

Diese Geste bewegte mich so sehr und ich zögerte nicht, ihn sanft auf die Wange zu küssen.
This gesture moved me so much, and I didn't hesitate to kiss him gently on the cheek.

5) Der Abend am Lido
5) That night at the Lido

Eine neue Freundschaft mit Marco war entstanden, die (von meinen spitzbübischen Bruder und seiner super-sympathische Claudia begünstigt) uns eines Abends nach Lido di Venezia brachte, einem ganz anderen Ort verglichen mit der Lagune, auch wenn er geographisch dazugehört.

75

A new friendship was born with Marco and one evening it pushed us (aided by my brother, the little rascal, and his super funny Claudia) toward the Lido of Venice, a different place from the lagoon, though geographically part of it.

Es ist der nicht touristische Teil Venedigs, d.h. wo der Großteil der Venezianer lebt, mit Restaurants, Diskos, dem Strand (im Sommer) und Geschäften wichtiger Modemarken.
It's the non-touristy Venice, that's to say the one where most of the Venetians live, with restaurants, discos, bars, the beach (in summer) and shops of important fashion brands.

Auch diesen Abend konnte ich sein Charme und seine Scharfsinnigkeit nicht leugnen: er erschien mit einer dunkelblauen Jacke und Krawatte und zwei roten Rosen, eine für mich und eine für Claudia… bald würden wir zum Abendessen gehen.
That night, too, his charm and subtlety were not denied: he turned up in a dark blue tie and jacket and with two red roses, one for me and one for Claudia...we would go to dinner in a while.

Tatsächlich bewegte mich schon etwas und ich fühlte mich zu ihm hingezogen, doch ich konnte aber keine Worte finden, um meiner Freude Ausdruck zu verleihen – auch wenn meine Augen mich verrieten und er es bemerkt hatte.
As a matter of fact, something was moving me already, and I was attracted to him, but I couldn't find the words to express my joy, even though my eyes betrayed me and he noticed it.

Während die zwei Turteltauben noch immer am Tisch saßen, lud er mich mit einer Ausrede auf die Terrasse des Restaurants ein; als wir dort den Sonnenuntergang beobachteten, drehte er sich zu mir um, lächelte, beugte sich dann nach vorne und küsste mich leidenschaftlich.
While the two lovebirds were still sitting at the table, he invited me on to the restaurant's terrace with an excuse; as we were

watching the sunset, he turned to me, smiled, then bent down and kissed me intensely.

Seit diesem Tag ist Marco meine große Liebe.
From that day, Marco has become my great love.

6) Ein zauberhafter Tag
6) A magical day

Das war der glücklichste Tag meines Lebens!
That was the happiest day of my life!

Im Sommer wählten wir genau den Lido di Venezia für unseren Urlaub, da dies für uns ein wichtiger Ort ist, wo unsere Leidenschaft aufgeblüht ist und wir gefeiert haben, wo ich geweint habe (diesmal vor Liebe und Freunde statt Enttäuschung), wo wir zu Abend gegessen und am Strand Champagner getrunken haben, und nachdem...bis heute – wir heiraten in einem Jahr – alles vollkommen magisch gewesen ist!
In summer we chose the Venice Lido for our holidays, because it represents a special place for us, where our passion blossomed and where we celebrated, where I cried (this time with love and happiness rather than disappointment), where we dined and drank champagne on the beach, after which... until today (we are getting married next year) everything has been absolutely magical!

Ein verpatztes Treffen
Online Dating Gone Wrong

Während der letzten fünf Jahre, war der arme Lucas Single.
During the last five years, poor Lucas has been single.

Noch dazu, obwohl er seinen Bachelor in Marionettentheater
abgeschlossen hat und er sehr professionell und gut
qualifiziert ist, hat er nicht genug Geld, um aus dem Haus
seiner Kindheit auszuziehen.
*In addition, despite having finished his Bachelor's degrees of
puppet theatre and being very professional and well qualified,
he does not have enough money to move out of his childhood
home.*

Lucas lebt in diesem Haus mit seiner Mutter Bertha, seinem
Vater André-Joseph-Robert-Sa'd und seinem Haustierigel,
den seine verstorbene Großmutter ihm hinterlassen hat.
*Lucas lives in the house with his mother Bertha, his father
André-Joseph-Robert-Sa'd and his pet hedgehog that was
given to him by his late grandmother.*

Aber Lucas hatte auch eine zweite Familie, die ihm wichtiger
war als seine erste.
*But Lucas also had his second family that was, according to
him, more important than his first family.*

Nein, ich rede nicht von Pateneltern, Sondern von seiner
Marionettensammlung.
*No, I'm not talking about god-parents, but his collection of
puppets.*

Diese Sammlung besteht aus mehr als fünfzig Marionetten.
This collection includes over fifty puppets.

Aber Lucas hatte einige Lieblinge, die er die ganze Zeit benutzte und mit denen er andauernd redete.
But Lucas has some favourites, which he uses and discusses with all the time.

Seine Lieblingsmarionette, ein Ebenbild seines Igels, war eine seiner letzten Herstellungen.
His favourite being a look-a-like of his hedgehog, was one of his last creations.

Er mochte auch seine Marionette Sarah, eine Puppe aus Porzellan, die sich in alle Richtungen verbiegen konnte.
He also loves his puppet Sarah, a doll made of porcelaine in China which could be moved in all different types of poses.

Für Lucas, war sie so gemacht, denn in einem anderen Leben, war die kleine Sarah eine Olympionikin und Turnerin.
According to Lucas, she was made like this because in another life, little Sarah was an Olympian in gymnastics.

Trotz all der Liebe, die Lucas seinen kleinen Freunden schenkte, fand er, dass er nicht genug davon zurück bekam.
Despite all the love that Lucas gave to his friends, he found he was not getting enough in return.

Manchmal, während der Nacht, dachte er seine Marionetten sich bewegen zu sehen, um ihm verliebte Augen zu machen oder ihm gute Nacht zu wünschen, aber das war nicht genug für ihn.
Sometimes during the night, he thought he saw his puppets move to wink at him or look at him with loving eyes and wish him a good night, but this love was not enough for him.

Eines Tages, kam ihn sein Freund Paul, auch ein Puppenspieler, besuchen, weil er etwas um ihn besorgt war.
One day, his friend Paul, also a puppeteer, came to visit him because he was a little worried about his wellbeing.

„Lucas... nimm es mir nicht böse, was ich dir jetzt sagen werde, aber, ehrlich... du bist 24 Jahre alt und du hast dir noch keine Freundin gefunden.
"Lucas ... please don't take this the wrong way, but frankly ... you're 24 years old and you do not have a girlfriend..

Die Marionetten, das fängt an zu weit zu gehen, sogar für mich!"
Your puppets, they're starting to go too far, even for me!"

„Schau! Ich brauche niemanden. Ich habe bereits Sarah und all die anderen!"
"Look! I do not need anyone. I have Sarah and all the others!"

„Sarah? Du redest schon wieder von Sarah der früheren Turnerin? Nein Lucas, sie lebt nicht einmal!"
"Sarah? Are you talking about Sarah past life gymnast? No Lucas, she is not even alive!"

„Soviel ich weiß, hat sie zwei Augen, zwei Arme, zwei Beine und einen Kopf.
"As far as I know, she has two eyes, two arms, two legs and a head .

Nach meinem sehr fortgeschrittenen Biologieunterricht in der Grundschule, heißt das, dass sie lebendig ist."
According to my advanced biology class from elementary school, it means she is alive."

„Meine Ratschläge kommen aus meinem Herzen!
"My advice comes straight from the heart Lucas!

Schau, ich werde dir eine kleine Idee da lassen, du kannst damit machen, was du willst."
Look, I'll leave you with a little idea and you can do whatever you want with."

Paul reicht ihm ein kleines Stück Papier und geht ohne Tschüss zu sagen davon.

Paul gives him a small piece of paper and left without saying goodbye.

Auf dem Papier war ganz klein und unleserlich eine Webseite und eine kleine Nachricht geschrieben:
On the paper was written in small and barely readable letters a website and a small message:

www1.rendezvousdamour.org für Onlinebegegnungen mit der „Sarah", die du verdienst, Paul.
www1.loverendezvous.org online dating site where you can find a real Sarah that you deserve, Paul.

Lucas did not really know what to do.
Lucas wusste nicht wirklich was er tun sollte.

Er wollte Paul zeigen, genauso wie all seinen Kollegen, dass er in der Lage war unabhängig zu sein.
He wanted to prove to Paul, and all his peers, that he was able to be independent.

Auf der anderen Seite, wollte er auch ein neues Leben anfangen und sein Elternhaus verlassen.
On the other hand, he also wanted to start a new life and leave his parent's house.

„Was denkst du, Harry?" fragt Lucas seinen Igel.
"What do you think, Harry?" Lucas asked his hedgehog.

Er antwortet nichts zurück, aber Lucas ist überzeugt gesehen zu haben, dass er ihm ein Augenzwinkern gegeben hat.
It says nothing in return but Lucas was almost certain that he saw it wink at him.

Ich denke, man kann ruhig den Schluss ziehen, um es auf nette Art und weise zu sagen, dass er nicht ganz beisammen ist.

I think that it is safe to say, to put it nicely, but to be completely honest our friend Lucas is a bit crazy.

Aber um ganz ehrlich zu sein, unser Freund Lucas ist ziemlich verrückt.
But to be completely honest our friend Lucas is pretty crazy.

Nachdem er sich ein bisschen Zeit zum nachdenken genommen hat, entscheidet Lucas sich dafür seinen Laptop anzuschalten.
After taking some time to reflect, Lucas decides to turn on his laptop.

Er öffnet einen Browser und gibt die Webseite in die Adresszeile ein.
He opens a browser and writes the website into the address bar.

Er ist dazu eingeladen sich ein Profil zu erstellen.
He is invited to create a profile.

In diesem Moment kommt seine Mutter Bertha in sein Zimmer, um ihn zu fragen, was er zum Abendessen will.
At that time, his mother Bertha enters his room to ask him what he wants to eat for dinner.

Lucas beeilt sich seinen Bildschirm zu verstecken, aber seine Mutter erwischt ihn dabei und fragt ihn, was er macht und warum er es vor ihr versteckt.
Lucas rushes to hide the screen but his mother catches him in the act and asks him what he is doing and why he's hiding it.

Er weiß sehr genau, dass er ihren Fragen nicht ausweichen kann und dreht seinen Bildschirm, um ihr die Seite zu zeigen.
He knows very well he cannot avoid his mother's questions and rotates the screen to show her the site.

„Lucas, Lucas,Lucas, du brauchst das nicht vor mir zu verstecken!

"Lucas, Lucas, Lucas, you do not need to hide such things from me!

Ich habe viele Freunde, die Profile auf Rendez-vous d'amour haben und ich habe ihnen sogar geholfen, ihre Profile zu erstellen.
I have lots of friends who have profiles on love rendezvous and I even helped them create their profiles.

Sieh mal, ich werde dir helfen."
Here, I'll help you with yours."

Unschlüssig, da er kein Profil mit seiner Mutter machen wollte, nimmt sich Lucas ein bisschen Zeit bevor er ihr den Computer überlässt.
Undecided, not wanting to make a profile with his mother, Lucas takes a little time before letting her take the computer from him.

Schließlich gab er ihr widerwillig seinen Laptop.
Finally, he handed his laptop over reluctantly.

„Lass uns anfangen! Ich werde dir Fragen stellen, du wirst mir antworten und ich werde deine Antworten in dein Profil schreiben" sagt Bertha „Erste Frage, was magst du?"
"Let's start ! I will ask you questions, you will answer them and I will write your answers in your profile" Bertha said "First question, what do you like?"

„Uh, ich mag Marionetten, Marionetten bauen. Bei Marionettenfestivals helfen. Mit Marionetten sprechen.
"Uh, I love puppets. Making puppets. Attending puppet festivals. Talking to puppets.

Und, eh, mit ihnen spielen..."
And, uh, playing with ..."

„Marionetten?" unterbricht ihn seine Mutter mit frustrierter Stimme. „ Nein, ich kann das nicht hinschreiben!"

"Puppets?" Interrupted his mother with a frustrated tone. "No, I cannot write this!"

„Mama! Mein Profil soll mich wiedergeben, meine WAHRE Persönlichkeit."
"Mom! My profile is supposed to reflect me, my REAL personality."

Seine Mutter lacht: „denkst du wirklich, dass die Profile der Menschen echt und repräsentativ sind?
His mother laughed: "do you really think that people's profiles are real and representative?

Du irrst dich, Junge!"
You're wrong boy!"

„Ok, ok, was ich mag... ich mag ausgedachte Wesen, die nicht existieren, solche wie Einhörner, Drachen, das Monster von Loch Ness und nette Mädchen."
"Ok, ok, what I like ... I like invented creatures that do not exist such as unicorns, dragons, the Loch Ness monster and nice girls."

„LUCAS! Ich habe dich besser erzogen! Gehen wir zur nächsten Frage. Lieblingsessen?"
"LUCAS ! I raised you better than that! Moving on to the next question. Favourite food?"

„Von essbarer Art"
"The edible kind"

„Du bist unmöglich! Hör auf, alles kaputt zu machen!"
"You are impossible! Stops burning all your bridges!"

„Ich bereue es nie, alles kaputt zu machen, Mama, ich bereue nur, dass ich nicht bestimmte Menschen mit kaputt gemacht habe."

"I never regret when I burn bridges mom, I only regret that there aren't certain people standing on them when I burn them down"

Obwohl sie sehr unzufrieden mit dem Verhalten ihres Sohnes war, versuchte Bertha weiter ihm Fragen zu stellen.
Despite being really dissatisfied with the behaviour of her son, Bertha continues to try to ask him questions.

„OK, eine einfache Frage, hast du ein gutes Leben?"
"Ok, a really easy question, do you have a good life?"

„Ich weiß es nicht, aber es ist besser als deins!" Lucas bricht in Lachen aus, aber versucht sich zurück zu halten: „Entschuldigung, aber es ist einfach zu lustig!
"I do not know, but it is better than yours!" Lucas laughs, but tries to contain himself "I'm sorry, but it's just too amusing!

OK, eine letzte Frage und danach werde ich es dir überlassen alles für mich zu beantworten, wenn ich mir wieder zu viel Spaß daraus mache."
Ok, one last question and then I'll let you make my profile all by yourself if I make jokes again"

„Also gut, definiere dich in einem einfachen Wort"
"Well then, next question, define yourself in one simple word"

„Einfach!"
"Simple!"

„Das reicht!"
"Enough!"

„Das war gar nicht mal so schlimm, Mama!"
"That wasn't even that bad mom!"

„Mir ist das jetzt egal! Ich werde dein Profil zu Ende erstellen.
"I do not care! I'll finish your profile.

Nachdem ich mit meinen Freundinnen an ihren Profilen gearbeitet habe, weiß ich genau, nach was die Frauen auf den Profilen der Männer suchen.
After working with my friends on their profiles, I know exactly what women want to find in other men.

Ich werde dir ein spektakuläres Profil machen, mein Junge, selbst wenn du es nicht verdienst!
I'll make you a spectacular profile my son, even though you do not deserve it!

Du wirst das bekommen, was du verdienst, indem du mich all das hast machen lassen, du wirst schon sehen."
You'll get what you deserve for doing all this, you'll see.

Sie geht grummelnd, jedoch mit einem teuflischen Lächeln davon, als ob sie einen Plan in ihrem Kopf hätte.
She walks off grumbling, but with a devilish smile as if she had a plan in mind.

Einige Tage später, beschließt Lucas nachzuschauen, ob er Nachrichten von Mädchen auf der Suche nach einem Freund auf der Webseite bekommen hat.
A few days later, Lucas decides to go check if he had any messages from girls looking for dates on love rendezvous.

Er gibt seinen Benutzernamen und Passwort ein und geht in sein Postfach.
He entered his username and password and checked his inbox.

Er ist überrascht zu sehen, dass er schon zwei Nachrichten von demselben Mädchen bekommen hat.
He was surprised to see that he already had two messages from the same girl.

Hallo H1990284,
Hi H1990284,

Ich kann immer noch nicht glauben, dass ich jemanden so perfektes wie dich online gefunden habe.
I cannot believe I found someone as perfect as you online.

All deine Eigenschaften sind genau das, nach dem ich fast Wort für Wort in einer zukünftigen Verbindung suche.
All your qualities are exactly what I want, almost word for word, in a future partner.

Bitte, kontaktiere mich, damit wir uns treffen können.
Please contact me so we can plan a date.

Danke.
Thanks.

-F0083726
-F0083726

Hallo,
Hello,

Entschuldigung, dass ich dir eine weitere Nachricht in so kurzer Zeit schicke, ich will dir keine Angst machen, aber ich habe es wirklich eilig mit dir persönlich sprechen zu können!
Sorry to send you another message in such a short time, I do not want to scare you, but I cannot wait to talk to you in person!

Lucas fühlt sich zufrieden und unangenehm zur gleichen Zeit.
Lucas is happy and uncomfortable and the same time.

Zufrieden, weil er denkt seine wirkliche, perfekte Sarah gefunden zu haben, aber unangenehm, ein Mädchen gefunden zu haben, die ihn wegen dem mag, was seine Mutter für ihn geschrieben hat.
Happy, because he thinks he has found his real, perfect Sarah, but uncomfortable to have found a girl who likes him for what his mother wrote for him.

Er entscheidet sich ihr Profil anzuschauen, bevor er ihr antwortet.
He decided to look at her profile before answering.

Sie ist 24 Jahre alt, wohnt nur 20 Minuten von zu Hause weg und interessiert sich für Theater.
She is 24 years old, lives only 20 minutes from home, and is interested in the field of theatre.

Es ist wirklich ein perfektes Mädchen für ihn, er antwortet ihr:
She really is the perfect girl for him, he replies:

Guten Abend,
Good evening,

Ich würde dich gerne in den nächsten Tagen kennenlernen. Wie du möchte ich möglichst bald mit dir von Gesicht zu Gesicht reden.
I hope to meet you in the upcoming days. I also am looking forward to talk to you face to face.

Würde es dir morgen passen?
How about tomorrow?

-L
-L

Er erhielt eine Antwort nach einigen Minuten:
He received a response after a few minutes :

Ja, triff mich im Cafe 24 um 12 Uhr fürs Mittagessen.
Yes, meet me at Cafe 24 at noon for lunch.

Am nächsten Tag, bietet Bertha an ihren Sohn zum Café zu fahren.
The next morning, Bertha offers to drive her son to the cafe.

Kurz bevor sie ihn absetzt, sagt sie zu ihm mit Stolz:

Just before dropping him off she says proudly:

„Ich hatte es dir gesagt, das ich es wusste: das was meine Freundinnen gemocht haben ist das was Mädchen mögen.
"I told you I knew that what my friends like is that what girls like.

Alle lügen sowieso auf ihren Profilen! Ihr Alter, die Adresse, die Eigenschaften!"
Everybody lies on their profiles anyway! Their age, address, qualities!"

Lucas bedankt sich und steigt aus, um das Mädchen zu treffen, welches er nur über ihren Nutzernamen F0083726 kannte.
Lucas thanks her and leaves to join the girl he knew only by her anonymous username F0083726.

Er geht in das Café hinein und landet der besten Freundin seiner Mutter Sandrine gegenüber.
He enters the cafe and comes face to face with his mother's best friend, Sandrine.

Hinter ihm erwartet ihn die Stimme seiner Mutter:
Behind him, he hears the voice of his mother:

„Siehst du, man bekommt immer das zurück, was man verdient! Hab viel Spaß!"
"You see, we always get what we deserve for our actions! Have fun!"

Sie geht lachend weg.
She laughs and leaves (the coffee house).

Ein Abenteuer bei der Tomatina

Ich heiße Sean und bin 21 Jahre alt. Ich stamme aus New York, aber lebe seit sechs Monaten in Barcelona. Ich studiere spanische Literatur und habe Glück, diese Erfahrung in Spanien genießen zu dürfen. Doch manchmal passieren verrückte und lustige Dinge, wie das, wovon ich euch heute berichten werde.

Ich bin im März nach Spanien gekommen und wohne seitdem mit ein paar sehr netten Jungen und Mädchen in einer wunderschönen Wohnung mitten in Barcelona. Es ist einfach toll, im Zentrum einer so schönen Stadt leben zu dürfen. Alles ist in der Nähe, sogar die Uni. In der Wohnung lebe ich zusammen mit drei Mitbewohnern. Sara kommt aus Sevilla, ist 26 Jahre alt und studiert Architektur. José ist aus Barcelona, er ist 20 Jahre alt, studiert Ingenieurwesen und liebt Fußball. Und schließlich ist da noch Andrea, ein Mädchen aus Südfrankreich. Sie studiert Marketing und tanzt zudem Flamenco. Findet ihr nicht, dass sie unglaublich sind? Wir verstehen uns alle sehr gut, unser Zusammenleben ist unkompliziert.

Kennt ihr Barcelona? Es ist eine der größten Städte Spaniens und liegt im Nordosten des Landes direkt am Meer. Deshalb hat Barcelona die Vorteile einer Großstadt (Diskos, große Unis, Geschäfte zum Shoppen, Restaurants, Museen), und noch dazu einen Strand. Außerdem ist Barcelona von Bergen umgeben und liegt in der Nähe der Pyrenäen, den höchsten Bergen Spaniens, wo man den ganzen Winter bis ins Frühjahr hinein Ski fahren kann. Ein Ort an dem man es aushalten kann, meint ihr nicht auch?

Der Frühling verging schnell in Barcelona. Tagsüber war ich sehr mit dem Studium beschäftigt und abends spielte ich mit José und seiner Mannschaft Fußball. In Spanien endet das

Semester im Juni. Ich hatte alle meine Prüfungen mit sehr guten Noten bestanden. Jetzt lag der ganze Sommer vor mir, voller Pläne, ganz nah am Strand und mit vielen Freunden, mit denen ich meine Zeit verbringen konnte. Außerdem gibt es in Spanien im Sommer in jedem Dorf traditionelle und beliebte Feste, von denen ich schon gehört hatte, auch wenn viele mir seltsam vorkamen und ich manches nicht so richtig verstand.

Eines Tages im Juli rief mich mein Freund José an und lud mich ein, mit ihm auf ein Fest in einem Dorf in der Provinz Valencia zu gehen, das im August stattfand. Er sagte, dass es das größte Fest sein würde, das ich je in meinem Leben besuchen und dass ich das nicht verpassen dürfte. Ich fragte ihn: „Warum ist das Fest so spektakulär?" Aber er ging nicht darauf ein. Er sagte nur, dass es wollte, dass es eine Überraschung für mich war und dass er mir nur den Namen des Fests verraten würde. Es hieß „Tomatina". Natürlich gibt es heutzutage viele Internetseiten, auf denen ich mir Informationen über die mysteriöse „Tomatina" hätte besorgen können, doch ich musste meinem Freund versprechen, dass ich nicht recherchieren würde.

José kaufte zwei Bustickets und brachte sie mit nach Hause. So erfuhr ich, dass das Dorf, in das wir fahren würden und wo das Fest stattfand, Buñol hieß. Endlich wusste ich etwas mehr über das mysteriöse Sommerfest, das ich besuchen würde! Buñol war ein sehr kleines Dorf mitten in der Provinz Valencia. Welches „große" Fest konnte wohl in so einem kleinen Ort stattfinden? Das Rätsel ging weiter. Eine Woche vorher erklärte mir Sara, meine Mitbewohnerin, was „Tomatina" bedeutet. „Tomatina" ist so etwas wie eine kleine Tomate. Was war das denn für ein Fest? Sollte dort die kleinste Tomate der Welt gesucht werden? Was für ein Blödsinn! Wie ihr euch vorstellen könnt, freute ich mich zwar darauf feiern zu gehen, aber ich dachte auch: Wo zum Teufel gehe ich da nur hin?

Am Tag der „Tomatina" standen wir sehr früh auf – um drei Uhr morgens! Wir frühstückten schnell und eilten zum

Busbahnhof. Dort waren viele junge Studenten wie wir, Hunderte, die alle auf Busse nach Buñol warteten. Wir setzten uns hin, um auf unseren Bus zu warten, und ich kam mit einem Mädchen aus Frankreich ins Gespräch. Sie hieß Anne und erzählte mir, dass die Tomatina das beste Fest sei, auf dem sie in ihrem Leben gewesen war. Und dass dieses Mal das dritte Jahr in Folge war, dass sie nach Buñol zur Tomatina fuhr. Ich unterhielt mich eine ganze Weile mit Anne. Sie sprach kein Spanisch und ihr Englisch klang seltsam – sie hatte einen komischen französischen Akzent, wenn sie Englisch sprach – aber sie war sehr nett. Und sie war sehr hübsch, blond, mit einem sehr hellen Teint und grünen Augen. Trotzdem mussten wir unsere Unterhaltung beenden, denn ihr Bus hatte die Nummer 15 und meiner die Nummer 8. Schade, nicht wahr?

Der Bus selbst war schon ein einzige Party. Er war voller junger Leute, die Lust hatten zu feiern. Alle sangen Lieder (auf Spanisch, ich verstand nicht sehr viel, sie waren sehr schwierig) und tranken Sangria, denn es war ein sehr heißer Tag. Und die Reise war so lang! Wir brauchten mehr als fünf Stunden, um zur berühmten Tomatina zu kommen!

Endlich kamen wir in Buñol an. Dort waren Tausende von Menschen! Alle waren gut gelaunt, viele trugen Taucherbrillen, Badesachen, kurze Hosen, Sandalen, wasserdichte Hauben …
Wofür war all das? Langsam gingen wir ins Dorfzentrum, wo es fast keinen Platz mehr gab. Plötzlich begann Musik zu spielen und überall tanzten die Leute. War das etwa die Tomatina? Das fand ich nicht sehr spektakulär.

Die Musik kam von riesigen LKWs. Darauf waren Leute, die etwas in die Menschenmenge auf der Straße warfen. Was war das? Etwas Rotes und Rundes … es sah aus wie … das waren Tomaten! In dem Moment musste ich lachen! Mein Freund José sagte: „Na, was denkst du?" Ich hätte nicht glücklicher sein können!

Das war total verrückt! Stellt euch vor: Tausende von Menschen, die lachten, sprangen, tanzten und sich gegenseitig mit Tomaten bewarfen! Nach und nach wurde alles rot und alle hatten einen Riesenspaß. Die Tomatina begann in der Früh und dauerte den ganzen Morgen an. Am Ende war ich von oben bis unten voll mit Tomaten, ich war rot, als wäre ich selbst eine Tomate! Auch wenn ihr das nicht glauben könnt, es ist die absolute Wahrheit! Wisst ihr, was das Beste war? Als alles zu Ende war, blieben die Leute auf den Straßen, die Musik hörte nicht auf und die Party ging weiter! Deshalb blieben wir den ganzen Tag dort, aßen ein typisch valencianisches Gericht, Paella, und tranken ein typisches Getränk, Sangria.

Nach dem Essen entschieden wir uns, im Dorf spazieren zu gehen. Als wir den Dorfplatz erreichten, sahen wir die letzte Überraschung dieses Tages ...
Anne war da! Wir gingen zu ihr und sie stellte uns ihren Freunden vor. Im nächsten Moment fingen alle wieder an zu tanzen und wir tanzten alle gemeinsam und unterhielten uns weiter. Wir hatten viel Spaß und ich glaube, dass das der Beginn einer tollen Freundschaft war ...

Seither sind Anne und ich zusammen zu vielen Festen gegangen, und ich glaube, ich werde sie bald einladen, mit mir ins Kino zu gehen. Wenn alles gut läuft, ist die Tomatina jetzt nicht mehr nur eine große Party, sondern auch ein Ort, an dem man die Liebe finden kann. Wer weiß?

Die Highland Games

Mein Name ist Jamie und ich möchte Ihnen von der Geschichte meiner Familie erzählen. Ich bin sehr stolz auf mein schottisches Erbe, und ich bin nicht allein - es wird vermutet, dass fast 40 Millionen Menschen weltweit behaupten, schottischer Abstammung zu sein (mehr als die 5 Millionen, die derzeit hier leben!). Viele Menschen mit schottischem Erbe sehen sich als Teil eines Clans. Ein *Clan* ist ein faszinierendes charakteristisches Merkmal der schottischen Geschichte. Clan bedeutet ‚Familie' auf Gälisch, was eine der offiziellen Sprachen Schottlands ist.

Ab dem 13. Jahrhundert kamen Clans sehr häufig in der Hochlandregion vor, die sich über den Norden Schottlands und die vielen Inseln an der Westküste erstreckt. Clans lebten von der Bewirtschaftung ihres Landes, wobei jedem Chief (Clanführer) große Gebiete des Landes gehörten. Dies war oft der größte Grund für die Kämpfe zwischen den Clans. Auf dem Höhepunkt ihrer Macht waren Chiefs oft wie Könige und Richter in einem - mein spezieller Clan ist der Clan der MacLeods, obwohl nicht ganz klar ist, ob ich wirklich ein direktes Mitglied bin. Viele Familien haben die Nachnamen der Clans angenommen, um ihre Loyalität zu zeigen und um sich vor rivalisierenden Gruppen zu schützen.

Heutzutage können viele Clans auf bestimmte schottische Inseln zurückverfolgt werden. Mein eigener Clan stammt von der Isle of Skye, einer wunderschönen Insel an der Westküste, bekannt für ihre hohen Berge und ihre Landschaft. Es ist auch die Heimat einer jährlichen schottischen Tradition, der ‚Highland Games'. Man vermutet, dass diese Tradition vor rund 500 Jahren entstand, als verschiedene Clans aus ganz Schottland kamen und in verschiedenen Spielen gegeneinander antraten. Jeder Clan, einschließlich meines eigenen, hatte ihre eigene besondere Kleiderordnung mit bestimmten Tartans. Tartan ist ein Webmuster für Stoffe, die meine Vorfahren aus Schafwolle herstellten, die sie mit natürlichen Materialien wie Pflanzen, Moos und Beeren gefärbt hatten. Die Wolle durchläuft dann ein Spinnverfahren, bevor sie zu dem berühmten Stoff mit dem charakteristischen Muster wird, den viele Menschen auf der ganzen Welt als eindeutig Schottisch erkennen. Vor kurzem trug ich den Tartan meines Clans zu der Hochzeit eines Freundes in den Vereinigten Staaten - ich habe einige sehr seltsame Blicke von Menschen kassiert, die meinen Kilt für einen Rock hielten! Viele Leute tragen Tartans bis heute, obwohl es oft aus modischen Gründen geschieht und nicht um sich zu ihrem schottischen Erbe zu bekennen. Traditionell ließen Tartans andere Leute wissen, aus welchem Teil des Landes man kam - Leute aus dem südlichen Schottland trugen grün und gelb tragen, während meine Familie aus dem Norden rot trug. Das spiegelte die roten Beeren und Blumen der Region wider, die verwendet wurden, um das Material zu färben.

Clans verschwanden vor fast 300 Jahren aus Schottland nach der berühmten Schlacht von Culloden im Jahre 1746, in der die britische Regierung den Widerstand der Highlander überwand, die das politische Establishment herausfordern wollten. Mehr als 1000 Menschen starben, dicht gefolgt von den Highland Clearances. Viele Familien wurden von ihrem zuvor bewirtschafteten Land vertrieben, als die Macht der Clans zu verschwinden begann. Es waren diese Umstände, die viele Menschen dazu bewegten, Schottland zu verlassen, auszuwandern auf der Suche nach einem besseren Leben. Viele Menschen mit schottischen Vorfahren, die im Ausland leben, können ihr Erbe zu diesen Regionen Schottlands zurückverfolgen, einschließlich derjenigen, die in Nordamerika leben und darüber hinaus in Neuseeland und Australien, wohin viele der Highland-Familien in großer Zahl ausgewandert sind. In einigen Teilen der Welt mit hoher schottischer Einwanderungsquote, wie der Ostküste Kanadas, sind fast 45% der Bevölkerung schottischer Abstammung.

Aufgrund dieser Geschichte kommen viele Schotten gerne zusammen und erinnern sich an ihr kulturelles Erbe. Meine eigene Familie, die MacLeods, haben eine lange und stolze Geschichte in den Highland Games und wir sind bekannt für unsere Geschicklichkeit. Niemand ist ganz sicher, wann die Highland Games zum ersten Mal stattfanden, auch wenn es einige Aufzeichnungen gibt, denen zufolge verschiedene Clans schon im 16. Jahrhundert gegeneinander angetreten sind. Es gibt eine Reihe von verschiedenen Veranstaltungen, die noch bis zum heutigen Tag ausgetragen werden - Laufen und Springen, das Werfen von Hämmern und Steinen, und das berühmte Baumstammwerfen – bei dem ein großes Stück Holz so weit wie möglich geworfen wird! Dies ist der Wettbewerb, in dem meine Familie in der Vergangenheit sehr erfolgreich war und viele Turniere und Veranstaltungen gewonnen hat. Leider habe ich nicht die großen Muskeln und die Kraft meiner Vorfahren geerbt, und als ich an der Reihe war, konnte ich den Holzklotz kaum hochheben! Also auch wenn meine Familie bei dieser Veranstaltung in der Vergangenheit durchweg erfolgreich war, glaube ich, dass die Siegertradition vielleicht mit mir endet! Ich war in meinem Wettbewerb mit Abstand auf dem letzten Platz, doch ich habe das Erlebnis der Teilnahme genossen und zu wissen, dass ich in die Fußstapfen von Familienmitgliedern getreten war, die vor mir teilgenommen hatten.

Glücklicherweise, finden einige der älteren Events nicht mehr statt – das ‚Abdrehen der vier Beine einer Kuh' (‚Twisting four legs off a cow') kommt in vielen modernen Highland Games nicht mehr vor!

Zusätzlich zu den Wettkämpfen die die körperliche Kraft messen, wären die Highland Games nicht komplett ohne einige der anderen Aspekte des schottischen Lebens zu feiern, die auch heute noch berühmt sind. Die bekannten Dudelsackwettbewerbe zelebrieren die Dudelsäcke, die eine lange und interessante Geschichte haben. Abgesehen davon, dass sie beliebt bei allen Clans waren, die in den Highlands existierten, spielten viele Dudelsackspieler weiterhin ihre

Dudelsäcke, wohin auch immer sie in der Welt gingen. Dudelsäcke wurden sogar in Kriegssituationen gespielt. Viele schottische Regimenter der britischen Armee hatten weiterhin Dudelsackspieler, selbst wenn sie in die Schlacht zogen. Es gibt viele Geschichten von schottischen Dudelsackspielern während der beiden Weltkriege, die die Moral der Truppen stärken und den Feind einschüchtern sollten.

Wie alle guten schottischen Festlichkeiten wären die Highland Games nicht komplett, ohne große Mengen von Whisky. Einige von Ihnen wissen vielleicht, dass Whisky auch Whiskey geschrieben werden kann, auch wenn die Ursprünge hierfür nicht bekannt sind. Whisky wurde in vielen verschiedenen Ländern hergestellt, von vielen verschiedenen Kulturen, und der erste aufgezeichnete Beleg für die Erzeugung von Whiskey kam tatsächlich aus Irland. Destillerien, in denen Whisky hergestellt wird, können in ganz Schottland gefunden werden, 95 an der Zahl im ganzen Land. Viele Menschen besuchen Schottland, allein um Whisky zu kosten, und es hat einen weltweiten Ruf als Heimat der besten Whiskys der Welt. Ich finde ihn sehr stark, darum versuche ich, nur sehr geringe Mengen zu probieren, wenn ich die Gelegenheit dazu bekomme, doch das Getränk mit anderen Schotten aus der ganzen Welt zu teilen ist eine sehr schöne Erfahrung, die uns alle miteinander verbindet. Meist wird Whisky in Verbindung mit einem Tanz getrunken, einem anderer berühmter Aspekt der Highland Games. - Leute im traditionellen Tartan treten zu den Klängen der Dudelsäcke, im Wettbewerb gegen andere an, um die renommierte Auszeichnung der besten schottischen Highland-Tänzer zu gewinnen.

Die Möglichkeit, die Highland Games zu erleben und meine Familientradition weiterzuführen ist etwas, was mich sehr stolz macht. Das Festhalten an unseren Verbindungen zu den Highlands und stolz zu sein auf unsere Geschichte ist ein wichtiger Teil des schottischen Seins und etwas, was ich noch viele Jahre fortführen werde. Ich hoffe nur, dass meine eigenen Kinder besser beim Baumstammwerfen sind als ich!

Eine ganz spezielle Vogelkundlerin

1972 wurde der Klub der Vogelfreundinnen von Sevilla gegründet. Damals war es sehr ungewöhnlich, dass eine Frau einen solchen Verein gründete, und noch ungewöhnlicher war, dass es ein Mädchen im Alter von zwölf Jahren war. Dieses Mädchen war meine Mutter.

Die Vogelkunde ist, zumindest heute, ein weitverbreitetes Hobby in Spanien. Die Schönheit der Naturschutzgebiete und die abwechslungsreichen Landschaften der Iberischen Halbinsel führen dazu, dass die Zahl Vogelfreunde laufend wächst.

Aber als meine Mutter zwölf Jahre alt war, war es sehr außergewöhnlich, dass sich ein Mädchen so sehr für Vögel begeisterte. Ihre Familie war deshalb sehr besorgt und sagte: „Warum hat das Mädchen nur Vögel im Kopf?"

Meine Mutter konnte nicht studieren. Ihre Familie war arm und konnte ein Biologiestudium nicht bezahlen, mit dem sie sich intensiv mit ihrem größten Hobby hätte beschäftigten können. Doch sie las alle Bücher und Zeitschriften über Vögel, die sie bekommen konnte.

Mit 25 Jahren heiratete sie. Sie hatte das Glück, einen sehr witzigen und fleißigen jungen Mann kennenzulernen. Meinem Vater gefiel die Leidenschaft meiner Mutter für ihr Hobby. Deshalb beschloss er, ihr zu helfen.

Nachdem ich und meine Schwester auf die Welt gekommen waren (meine Schwester ist nur ein Jahr jünger als ich), unterstützte mein Vater meine Mutter dabei, ihren Traum zu erfüllen. Sie wünschte sich sehnlichst, ihr Bestimmungsbuch zu füllen. Adler, Geier, Sperlinge: Sie alle waren in ihrem kleinen Buch. Zu jeder Darstellung gab es einen weißen

Abschnitt für Notizen, wo und wann man den fraglichen Vogel gesehen hatte. Es war wie ein Tagebuch voller kostbarer Zeichnungen von Tieren!

Der Plan meines Vaters war sehr einfach. Er kaufte meiner Mutter ein Fernglas und packte uns einmal im Jahr eine Woche ins Auto. Das Ziel war immer das gleiche: einer der Nationalparks Spaniens.

In Spanien unterhält das Umweltministerium ein großes Netz von fünfzehn Nationalparks. Alle sind sehr unterschiedlich! Meine Familie und ich besuchten fast alle Parks außer denen auf Inseln.

Einer der sonderbarsten Nationalparks in Spanien befindet sich auf den Cíes-Inseln. Das sind einige winzige Inseln vor der Küste Galiziens. Sie sind wirklich sehr klein und es gibt dort nichts außer einem kleinen Campingplatz. Man kann zwar mit dem Schiff hinfahren, aber sonst gibt es kaum Tourismus.

Nationalparks gibt es auch auf den Kanarischen Inseln, ein Naturparadies voller Überraschungen. Wusstest du, dass dort eine Waldsorte existiert, die man nur hier findet? Sie hat einen sehr witzigen Namen: Lorbeerwald oder Laurisilva. Auf den Kanaren befindet sich einer der kuriosesten Nationalparks Spaniens. Er besteht aus einem Vulkan mit fast tausend Metern Höhe! Er nennt sich Teide.

Mit Ausnahme der Insel-Nationalparks besuchte ich alle anderen mit meiner Familie. Nach und nach füllte meine Mutter ihr Buch. Sie notierte jahrelang genauestens die Daten, Zeiten und Orte, wo wir die Vogelarten beobachtet hatten.

Am meisten Spaß machte, dass wir vor jeder Reise wetteten, welchen Vogel wir entdecken würden. Würden wir im Nationalpark Daimiel den Kuhreiher sehen? Würden wir in Monfragüe endlich den Habichtsadler finden? Wenn jemand die Wette gewann, gab es einen tollen Preis: eine

Doppelportion Schokoladeneis im nächsten Eiscafé. Das war der perfekte Abschluss für die Ferien.

Dank der Hefte dieser besonderen Vogelkundlerin habe ich Erinnerungen an all unsere Familienurlaube. Wie zum Beispiel jenes Mal, als wir im Nationalpark von Ordesa und Monte Perdido den sogenannten Knochenbrecher entdeckten, den Bartgeier. Uff! Was für ein schrecklicher Vogel! Weißt du, warum er so heißt? Weil er Knochen aufsammelt, sie auf hohe Höhen mitnimmt und dann gegen Felsen wirft, um sie zu zerbrechen und zu fressen. Er hat ein sehr finsteres und bedrohliches Aussehen. Ich erinnere mich, dass ich in der Nacht darauf einen Albtraum hatte, in dem mich ein Knochenbrecher verfolgte.

Auf unserer Reise in die Pyrenäen sahen wir mehrere Steinadler. Sie dagegen sind wirklich schön! Aber da sie braune, weiße und schwarze Federn haben, ist es sehr schwierig, sie zu sehen. Man muss ganz still halten und lange aufpassen, um die einen zu sehen.

Ein anderer zauberhafter Ort, an den mich mein Vater brachte, war der Nationalpark von Doñana. Den Anblick von tausenden von Flamingos und Kormoranen auf dem Wasser bei Sonnenuntergang werde ich nie vergessen. Bei all diesen Reisen war unser Hauptziel Vögel zu sehen. Aber natürlich wollten wir auch Pflanzen, Bäume und andere Schätze der Natur genießen. Denn es gibt viel mehr Tiere als die, die fliegen!

Eine unserer aufregendsten Familiengeschichten ereignete sich im Nationalpark Doñana. Eines Tages nach dem Essen nahmen wir das Auto, um die Dörfer, die in der Nähe dieses Feuchtgebiets lagen, zu besuchen. Wir sangen zum Spaß Kinderlieder, als mein Vater auf einmal so stark auf die Bremse trat, dass wir erschraken. Was war los? Warum hatte mein Vater auf dieser einsamen Straße angehalten? Sehr bald sahen wir es! Ein iberischer Luchs lag verletzt da.

Ganz langsam fuhr mein Vater zurück und parkte das Auto am Straßenrand. Wir blieben im Wagen, während er ausstieg, um sich dem Tier zu nähern. Ein paar Minuten später kam er zurück. Der Luchs lebte noch! Damals gab es noch keine Mobiltelefone, deshalb mussten wir ins nächste Dorf gehen, um den Seprona (eine Einheit der Guardia Civil, die für den Tierschutz verantwortlich ist) anzurufen. Mein Vater blieb trotz 40 Grad im Schatten bei dem Tier und gab ihm von unserem kühlen Wasser zu trinken, während wir ins nächste Dorf gingen, um zu telefonieren.

Glücklicherweise kam der Seprona noch rechtzeitig. Später erfuhren wir nämlich, dass der Luchs überlebt hat! Seitdem sind wir sehr stolz darauf, dass wir alle zusammen ein Tier gerettet haben, das stark vom Aussterben bedroht ist. Oder zumindest dabei geholfen haben.

Man kann in Nationalparks nicht nur Urlaub machen oder Pflanzen und Tiere beobachten. Man kann dort auch echte Abenteuer erleben, obwohl die Parks unter besonderem Schutz stehen und man die Besucherregeln einhalten muss (keinen Müll wegwerfen, nicht in verbotenen Bereichen schlafen, unter keinen Umständen Feuer machen!). Das sind eigentlich grundlegende Dinge, die viele Leute jedoch leider missachten. Sie haben sicher noch keinem kleinen, verletzten Luchs in die Augen geschaut oder die Flugbahnen eines Adlers bewundert.

Abenteuer Essen in Spanien

Seid ihr je in Spanien gewesen? Es ist ein wundervolles Land. Mein Name ist Sarah Jones und ich bin 33 Jahre alt. Ich lebe seit zwei Jahren in London, doch ich hatte das Glück, ein paar Jahre in Spanien studieren zu können.

Ich arbeite für eine große englische Bank und habe Wirtschaftswissenschaften studiert. Ich bin verheiratet, aber ich habe noch keine Kinder. Mein Mann heißt Marcos Sanchez und ich habe ihn, wie ihr euch bei seinem Namen sicher denken könnt, in Spanien kennengelernt.

Ich war damals 20 Jahre alt und hatte den ganzen Sommer vor mir, bevor mein erstes Studienjahr in Wirtschaftswissenschaften in Spanien begann. Deshalb hatte ich mich entschlossen, mit meiner Freundin Anne unseren letzten gemeinsamen Sommer in meiner neuen Wahlheimat zu verbringen. Sie ist meine beste Freundin und wollte im selben Jahr ein Studium in Australien beginnen, so dass wir uns dann auf entgegengesetzten Seiten der Erde befinden würden. Anne wollte Medizin studieren. Jetzt ist sie eine exzellente Ärztin, die in den USA arbeitet.

Im Sommer ist es sehr heiß in Spanien, deshalb kann man an den Strand oder ins Schwimmbad gehen und man kann nachts ausgehen und in Diskos tanzen. Mit anderen Worten: Es ist ein ideales Ziel für eine Reise zweier bester Freundinnen. Außerdem sind die Hotels, Jugendherbergen und Apartments in Spanien sehr günstig, und wir hatten das ganze Jahr über gearbeitet und gespart, um diesen Urlaub zusammen verbringen zu können.

Wir hatten geplant, drei Monate durch Spanien zu reisen und seine Küste, seine Berge, die größten Städte, die kleinsten Dörfer und die Feste kennenzulernen – wir wollten einfach nichts verpassen! Nach unserer Ankunft fingen wir sofort mit unserer Erkundungstour an, hatten eine Menge Spaß und genossen jeden Eindruck.

Wir landeten in Madrid, der spanischen Hauptstadt, wo wir in einer kleinen Jugendherberge im Zentrum wohnten, gleich neben dem Prado Museum. Wenn du Kunst magst und nach Spanien fährst, darfst du dir den Prado nicht entgehen lassen! Mit all seinen Bildern von Velázquez, El Greco und so weiter ist er einfach beeindruckend! Nach unserem ersten Spaziergang durch das große Museum und die Straßen von Madrid hatten wir richtig Hunger. Es war nun Zeit, das zu probieren, von dem wir gehört hatten, dass es so köstlich war: das spanische Essen. Wo sollten wir anfangen? Wie würden wohl richtige Tapas schmecken? Und Paella? All die Gerichte klangen seltsam, wir wussten nicht, was auf der Karte stand, doch die Speisen schienen lecker zu sein und die Fotos waren auch sehr verlockend.

Wir gingen in ein Restaurant mit einem sehr lebhaften Ambiente. Dort waren viele Mädchen und Typen, die etwas tranken und Tapas aßen. Uns gefiel die entspannte Atmosphäre. Es waren Spanier da, aber auch Touristen aus der ganzen Welt. Anne und ich setzten uns und beschlossen, ein paar Kannen „Sangria" zu bestellen, ein Getränk, das uns empfohlen worden war.

Wir waren wirklich durstig, weil es so heiß war. Sangria ist ein wohlschmeckendes Getränk aus Wein, Zitrone, frischem Obst und Zimt. Die Zutaten variieren von Restaurant zu Restaurant und Bar zu Bar. Ich denke, dass wir in diesem Sommer etwa 300 verschiedene Sangria-Rezepte ausprobiert haben – und sie waren alle sehr lecker! Daher empfehle ich euch, sie zu probieren, wenn ihr nach Spanien kommt. Doch Sangria enthält Alkohol, seid also vorsichtig damit! Aber es gibt viele Lokale, die auch Sangria ohne Alkohol anbieten, und der ist sogar noch leckerer!

Und dann bekamen wir unsere ersten Tapas. Als erstes wurde uns etwas gebracht, was „Croquetas" hieß. Ich weiß nicht, wie ich erklären soll, was genau das ist. Es ist ein warmes Gericht, frittiert und mit einer leckeren Creme aus Schinken, Käse und Fleisch gefüllt. Es gibt tausende von Variationen! Danach hatten wir Oliven. Daraus wird Olivenöl gemacht, doch in Spanien isst man sie auch roh, im eigenen Öl, mit Essig, Knoblauch und Gewürzen. Wir mochten unsere ersten Tapas sehr. Doch unsere Reise ging weiter und wir haben auch noch weitere Gerichte der spanischen Küche probiert. Eine der überraschendsten Speisen war für uns die berühmte Paella. Wisst ihr, was Paella ist?

Wir fuhren nach Valencia, wo wir auf einem Campingplatz am Meer übernachten wollten. Wir hatten ein Auto für unseren Strandurlaub gemietet und kamen nach ein paar Stunden Fahrt mit großem Hunger an. Dort gab es ein „Chiringuito", eine Bar mitten am Strand, die in Spanien sehr beliebt sind. Die Spezialität dort war Paella. Anne und ich zögerten nicht und bestellten uns eine Paella für zwei. Paella ist ein gelbes Pfannenreisgericht, das heiß gegessen wird. Der Reis schmeckt sehr gut und wird in der Regel mit allen möglichen Beilagen serviert, zum Beispiel mit Gemüse oder Hähnchen, aber auch mit Meeresfrüchten. Einige Dinge hatte ich vorher noch nie probiert, wie zum Beispiel Krebsfleisch. Vielleicht magst du Paella, vielleicht auch nicht, doch wenn du nach Spanien kommst, solltest du es probieren.

Wie wir nach und nach entdeckten, war es manchmal ein Abenteuer, in Spanien zu essen. Zum Beispiel bestellten wir eines Tages im Norden von Spanien eine Tapa, die sich „Callos" nannte. Ich weiß nicht, wie ich sie euch beschreiben soll: Es war eine Art Schweinefleisch, das mir überhaupt nicht schmeckte, und das Ganze war etwas schleimig.

An einem anderen Tag, in der Stadt Burgos, die eine wunderschöne Kathedrale hat, aßen wir „Morcilla", eine Art schwarze, gewürzte Wurst, die aus Schweineblut gemacht wird.

Wie ihr seht, isst man in Spanien sehr unterschiedliche und für einen Ausländer manchmal sehr seltsame Dinge! Eine Spezialität vom Schwein, die wir sehr mochten, war der Serrano-Schinken. In Spanien isst man viel Schweinefleisch, doch dieses Produkt kann ich euch wirklich empfehlen. Es ist sehr köstlich!

Das Witzigste ist uns in einem Dorf passiert, in dem man uns eine Tapa mit Schnecken serviert hat! Ja, wirklich, Schnecken! Wir hatten keine Ahnung, wie man die isst! Anne, die mutiger ist als ich, hat sie probiert. Doch das war zu viel für unsere Essgewohnheiten, deshalb aßen wir die Schnecken nicht.

Spanien ist ein Land mit vielen köstlichen, außergewöhnlichen Speisen. Ihr werdet sie sicher auch sehr lecker finden, wenn ihr sie mit euren Freunden oder eurer Familie in eurem nächsten Urlaub entdeckt. Wenn ihr diese und andere Gerichte probiert habt, könnt ihr nach eurer Rückkehr sicher tausend Geschichten darüber erzählen.

Die merkwürdigen Geschäfte Spaniens

Ich heiße Martha und bin 42 Jahre alt. Mein Mann Stephen und ich leben in einem kleinen Dorf im Mittleren Westen der USA. Wir sind seit 20 Jahren verheiratet und haben zwei Kinder. Unsere Tochter Sarah ist 14 Jahre und unser Sohn John neun Jahre alt. Unsere Familie ist mit Liebe, Glück und schönen Momenten gesegnet, vor allem während unserer Reisen. Unsere Kinder gehen noch zur Schule, und ich arbeite halbtags in einer Anwaltskanzlei. Mein Mann hat seine eigene Firma, einen Autohandel mit mehreren Filialen in verschiedenen Landkreisen.

Schon als Sarah und John noch sehr klein waren, haben Stephen und ich sie ans Reisen gewöhnt. Das war schon immer unsere Leidenschaft! Bevor wir Kinder hatten, sind wir nach Vietnam, Südafrika und China gereist. Die exotischsten Länder waren uns am liebsten. Doch seit unsere Kinder da sind, wurde Reisen ein wenig komplizierter, und wir begannen, nähere Ziele zu suchen wie Kanada, Mexiko und natürlich Europa. Die Entscheidung, welches Land in Europa man besuchen soll, ist sehr schwierig: alle haben viele attraktive Orte!

Wir sind ein paarmal nach Frankreich und England gereist, doch Stephen wollte nach Spanien gehen kreuz und quer durch dieses Land reisen, das vielen Amerikanern etwas geheimnisvoll vorkommt, mit seinen seltsamen Eigenheiten wie Flamenco oder Stierkampf. Deshalb haben wir uns vor zwei Jahren entschieden, eine große Familienreise nach Spanien zu machen – natürlich mit den Kindern, die viele Ideen hatten, was sie dort gerne sehen wollten. Wir haben fast sechs Monate lang gebraucht, diese Reise zu organisieren und Flug- und Zugtickets sowie Eintrittskarten für die Sehenswürdigkeiten der verschiedenen Städte zu kaufen. Wir wollten alles sehr gut im Voraus planen und vermeiden, dass irgendetwas schief ging! Anfang August flogen wir nach Madrid und nach über zwölf Stunden Flug mit Zwischenstopps waren wir endlich in Spanien!

Wir hatten einen ganzen Monat vor uns, um dieses faszinierende Land mit seiner jahrtausendealten Geschichte zu entdecken. Das Erste, was uns auffiel, war, dass wir zwar alles sehr gut vorbereitet hatten, doch nicht daran gedacht hatten, dass es in Madrid so heiß sein würde. Deshalb haben wir zunächst einmal eine Sonnencreme gekauft. Und da begann unser Einkaufsabenteuer in Spanien. Spanien und die Vereinigten Staaten sind sehr unterschiedlich, was das Einkaufen angeht. In unserem Land kannst du in eine Apotheke gehen und alles kaufen, von Medikamenten bis zum Shampoo. In Spanien jedoch ist es nicht so. In den Apotheken werden üblicherweise nur Medikamente verkauft!

Deshalb haben wir fast einen ganzen Morgen damit verbracht, ein, zwei, drei, unendlich viele Apotheken zu besuchen, bis uns schließlich ein Mädchen darüber aufklärte, dass wir zu einer „Droguería" gehen mussten, um Sonnencreme zu kaufen. Später sahen wir im Wörterbuch, dass „Droguería" „Drogerie" heißt. Wir fanden endlich eine und kauften unsere Sonnencreme.

Nach ein paar Tagen in Madrid, wo wir den wunderbaren Prado besichtigt haben weil ich Kunst liebe, und auch das Santiago Bernabéu Stadion besucht haben weil mein Sohn ein großer Fußballfan ist, sind wir nach Barcelona gegangen. Barcelona ist die zweitgrößte Stadt Spaniens und liegt am Mittelmeer, eine wunderschöne Stadt! Eines der Dinge, die uns am meisten gefallen haben, war eine besondere Art von Bar, die es – soweit ich weiß – nur in Spanien gibt: den Chiringuito. Was ein Chiringuito ist? Es ist eine Bar am Strand, im Sand, wo man alles bestellen kann, vom Kaffee bis zum Cocktail am Abend, aber auch eine wunderbare Paella oder ein Bier. Findet ihr nicht auch, dass diese One-Stop-Shops genial sind?

In Barcelona haben wir viele Ausflüge an den Strand und auf den Berg Montserrat gemacht, der nahe bei der Stadt liegt. Meine Tochter hatte die großartige Idee, für die Exkursionen Sandwiches zu machen. Natürlich gibt es in Barcelona, wie in ganz Spanien, Supermärkte, und es hat uns großen Spaß gemacht, die einzelnen Geschäfte für die verschiedenen Lebensmittel zu entdecken. Wenn du zum Beispiel auf deiner Spanienreise Fleisch kaufen möchtest, solltest du eine „Carnicería" suchen, das ist eine Metzgerei. Desweiteren gibt es „Charcuterías", wo Wurstwaren verkauft werden.

Obst und Gemüse findest du in einer „Frutería", also einem Obstgeschäft. Und so gibt es „Panaderías" für Brot, „Pescaderías" für Fisch und so weiter. Natürlich gibt es diese Art von Geschäften auch in den Staaten. Der Unterschied zu den USA ist, dass spanische Läden so lustige Namen haben und dass sich diese Geschäfte üblicherweise im „Mercado" (Markt) oder ganz in der Nähe davon befinden.

Es macht großen Spaß, morgens auf den Markt zu gehen, wenn alle spanischen Hausfrauen auch dort sind und man in den Genuss ihrer Ratschläge und Empfehlungen kommt – sie sind sehr nett!

Nach Barcelona entschieden wir uns, den Norden Spaniens zu besuchen. Wir verbrachten ein paar Tage in Santiago de Compostela, der Stadt, in der der Jakobsweg endet, ein sehr spiritueller Ort. Sehr merkwürdig ist, dass es in Spanien viele verschiedene Arten von Kirchen mit einer Vielzahl von Namen gibt: Kathedrale, Basilika, Eremitage ... Das liegt an der langen christlichen Geschichte und Tradition, die dieses Land hat. Von dort aus fuhren wir zu einem kleinen Dorf in Asturien, das ganz in der Nähe lag. Alles war sehr grün, sehr lebendig, mit vielen Wäldern und Kühen, die mitunter die beste Milch Europas produzieren.

In Asturien entdeckten wir noch ein andres seltsames Lokal, die „Sidrería". Die Sidrería ist eine Bar, in der man fast ausschließlich Sidra (Cidre) serviert, ein alkoholisches

Getränk, das aus Äpfeln gemacht wird! Es ist süß und schmeckt frisch, aber man muss es mit Vorsicht genießen, denn es enthält Alkohol.

In den Sidrerías gibt es Tapas und andere Gerichte, aber mit eher geringer Auswahl denn ihr Hauptangebot ist Sidra. Von Oviedo aus, der Hauptstadt Asturiens, sind wir in den Süden des Landes geflogen, weil wir uns zwei geschichtliche und kulturelle Juwelen Spaniens nicht entgehen lassen wollten: Sevilla und Granada.

In diesen beiden andalusischen Städten haben wir nicht nur die beeindruckendsten Gebäude und Plätze entdeckt, sondern auch einige wirklich sonderbare Geschäfte und Lokale. Zum Beispiel gibt es in Sevilla viele Geschäfte, die nur Flamenco-Kleidung verkaufen, also Kleider, Schuhe, „Peinetas", „Mantones", Hüte für Männer, Jacken – kurz gesagt alles, was man an Flamenco-Tänzerinnen und -Tänzern sehen kann.

Doch das sind auch die Kleider, die auf den „Ferias" getragen werden, den großen jährlich stattfindenden Festen, die in vielen andalusischen Städten gefeiert werden.

Die Erfahrung, die wir beim Erkunden der schönen Orte Spaniens gemacht haben, war wunderbar, doch die Geschäfte mit den lustigen Namen kennenzulernen, in denen nur eine Art von Produkt verkauft wird, war sehr lustig! Wir haben dank dieser Entdeckungen während unseres Monats in Spanien viel Spanisch gelernt, und ich hoffe, dass ihr auch viel von unserer Geschichte gelernt habt.

Warum ich? Die Kurzgeschichte des tollpatschigen Georges

Wenn du dich selbst für tolpatschig und für einen Pechvogel hältst, kannst du dir sicher sein, dass das nichts im Vergleich zu meinem Freund George ist. George ist ein 17-jähriger Jugendlicher, der durch alle nur vorstellbaren, peinlichen Situationen gegangen ist. Der arme, kleine Franzose, Bewohner der Stadt Paris, hat sich bereits 7 Knochen gebrochen, darunter den Oberschenkelknochen und das Schlüsselbein. Er wurde mit 89 Stichen genäht und daraufhin hat er mit den schlechtesten Ruf der Stadt erhalten. Man nennt ihn den tolpatschigen Schlumpf von Paris. Glaubst du mir nicht? Hier ist ein Tag seines Lebens:

George steht jeden Morgen um 7 Uhr auf um pünktlich zum Frühstück zu kommen. Sein Wecker klingelt und im Versuch ihn auszuschalten, stößt er ein Glas Wasser auf ein Elektrokabel um und verpasst dadurch seiner einjährigen Katze Saphir fast einen Stromstoß. Es ist erstaunlich, dass seine Katze für so lange Zeit überlebt hat. Georges letztes Haustier, sein Goldfisch, komischerweise Kornblume genannt, ist in einem Autounfall gestorben, als George versuchte ihn von dem Geschäft, in dem er ihn gekauft hatte, nach Hause zu transportieren.

Als er die Treppen hinuntergeht, fällt er über die zweite Stufe, eine Stufe weiter als gestern. Seine Mutter wartet bereits unten an der Treppe auf ihn, sie ist mit Pflastern und Verbänden in ihren Händen auf alles vorbereitet.
„George, es sind bereits drei Tage, an denen ich dich nicht ins Krankenhaus gebracht habe. Du bist nahe daran deinen Rekord von 4 Tagen ohne dort zu sein zu brechen. Pass auf, mein Junge! Es ist ein sehr wichtiger Tag, weißt du? Heute ist der Dreikönigstag und ich habe unseren Dreikönigskuchen für heute Abend vorbereitet."

„Ja, Mama, ich weiß schon, dass wir den 6ten Januar haben, aber mir ist gar nicht so richtig danach. Ich werde die Porzellanbohne finden, die Glück bringt und in dem Kuchen versteckt ist."

„Das stimmt wahrscheinlich, mein Sohn, aber zumindest kannst du den Nachtisch genießen!"

Ohne Risiko in der Küche einzugehen, wer weiß, welche Dinge dem kleinen George dort zum Stolpern bringen könnten, geht er nach draußen um etwas Luft zu schnappen.

Der Schnee spiegelt das glänzende Licht in Georges Augen, aber er schafft es zum Bürgersteig zu laufen. Auf die Anweisungen seiner Mutter hörend, versucht er sein Bestes vorsichtig zu sein. Unglücklicherweise kann George dies zwar ruhig versuchen, doch die Schwierigkeiten holen ihn überall wieder ein. Um das Eis auf der einen Seite des Bürgersteigs zu vermeiden, fängt er an auf dem Schnee der anderen Seite zu laufen. Doch dem armen Dummkopf war nicht klar, dass sich Eis auch unter dem Schnee befindet.

Nachdem er immer weniger auf seine Schritte achtete, rutschte George auf der Straße etwa 20 Meter von seiner Eingangstür aus, 5 Meter früher als gestern. Beim Aufstehen bemerkt er, dass er sich sein Steißbein gebrochen hat. Zum Glück weiß er, dass er mit einer solchen Verletzung nicht ins Krankenhaus muss, nach seiner Erfahrung mit hundertfachen Verletzungen ähnlicher Art, kennt er sich auf diesem Gebiet gut aus.

Da er nicht noch mehr Risiko eingehen will, geht er vorsichtig zu sich nach Hause zurück. Und natürlich! Als er bei sich zu Hause die Küche betritt, rutscht er auf einer Bananenschale aus, die sein Bruder absichtlich auf dem Boden hat liegen lassen, nachdem seine Mutter diesen gerade gewischt hatte.

„Wieder einmal typisch!" sagt sein Bruder Antoine mit einem Lachen, das den ganzen Raum erfüllt. „Wie ich es mag dich leiden zu lassen! Und außerdem sorge ich dafür, ich, der jüngste in der Familie, dass du heute Abend nicht die Glücksbohne bekommst!"

„Das reicht Antoine!" befiehlt die Mutter. Das kurze Gespräch war damit abrupt beendet.

George stieg die Treppe hinauf und schaffte es bis zur dritten Stufe, bevor er mit dem Gesicht nach vorne direkt auf seine Nase fiel.

Es ist überraschend, dass bei all den Verletzungen seine Nase ganz geblieben ist. Dieses Mal ist es sein Vater, der sich am Ende der Stufen mit Pflaster und Verband in den Händen bereithält. George geht zurück in sein Zimmer und der kleine Saphir versteckt sich schnell weit weg von seinem Herrchen. George geht in das Badezimmer. Der Boden, auch von seiner Mutter geputzt, war sehr rutschig. Und na klar, George rutscht direkt auf sein Steißbein aus.

Während er sich schön, warm duschte, um sich auf andere Ideen zu bringen, ist George ganze 18 mal in 6 Minuten die Seife aus der Hand gefallen, sprich 3 Mal pro Minute, einmal alle 20 Sekunden. Als ob das noch nicht genug Pech wäre, fehlte es George an warmem Wasser und das kalte Wasser aus dem Wasserhahn ließ ihn frieren. Der plötzliche Temperaturwechsel überraschte ihn, sodass er auf seinen Rücken fiel. Während seines Falls versuchte er sich an seinem Duschvorhang festzuhalten, um sein Gleichgewicht nicht zu verlieren. Am Ende lag er auf dem Boden, vom Duschvorhang bedeckt wie ein menschlicher Burrito, mit Wasser, welches sich aus der Badewanne im Badezimmer über den ganzen Boden verteilt.

Er schaffte es sich ohne Probleme anzuziehen. Seine Mutter ließ ihn sich jedoch umziehen, weil er ein kariertes Hemd trug, welches voller gelber Senfflecken war und eine Hose voller orange- und grünfarbigen Strichen. George war wohl eher nicht farbenblind, auch wenn seine Mutter daran ihre Zweifel hatte. George entschied sich bis zum Abendessen zu schlafen. Seiner Meinung nach war er beim Schlafen vor möglichen Unfällen sicher. Während seines Schlafs jedoch, wälzt und bewegt er sich überall herum.

George schlafwandelt auch oft. Er rennt in seinem Zimmer in alle Richtungen umher und wirft mit Gegenständen um sich. Seine arme Katze ist das Opfer dieses Angriffs. Um 6 Uhr ist es Zeit fürs Abendessen. Auf seinem Weg dorthin stolpert George mehrere Male, doch das überrascht nicht! Seine Mutter bereitet den Tisch vor und deckt mehrere Gerichte. Als er einen Teller mit Rosinen und Käse sieht, streckt George seine Hand aus, um sich ein Käsemesser und einen Teller zu nehmen. Ohne zu zögern reicht ihm seine Cousine Juliane ein kleines Pflaster. Etwas verwirrt schaut George auf seine Hand. Und tatsächlich hatte er sich zwischen den Zeigefinger und den Daumen geschnitten. Gelächter breitete sich um den Esstisch herum aus.

Zum Hauptgericht kommt der kleine Saphir herbei und springt auf den Schoß seines Herrchens. Um ihn mit ein bisschen Fisch zu füttern, hält George ihm seinen Teller unter den Tisch. Auch wenn es nicht vollständig die Schuld unseres tollpatschigen Schlumpfs war, fiel der Teller herunter und zerbrach in 1000 Stücke. Seine Mutter ging zurück in die Küche, um einen neuen Teller zu holen, diesmal fand George sich mit einem Papierteller wieder.

Es ist endlich Zeit für den Dreikönigskuchen! Antoine, der jüngste der Familie, schnitt den Kuchen an und servierte ihn seiner Familie. Vorsichtig schnitt er das erste Stück ab und gab es an seine Mutter. Das zweite Stück wurde an seinen Vater gegeben und so weiter. Das letzte Stück, kleiner als die anderen, wurde an George verteilt. Ohne zu warten steckt George seinen Löffel in die Mitte seines Kuchenstücks und stochert in dem Mandelteig herum.

Nach und nach fängt er an die Mut zu verlieren. Er geht ein zweites Mal durch die gelbfarbene Creme. Er schaut alle seine anderen Familienangehörigen an. Diese schauen auf seine Mutter mit einem leichten Schmunzeln. Normalerweise würden die Anderen sich ärgern, wenn sie die Glücksbohne nicht finden. George ist verwirrt. Er sieht seinen Bruder unter dem Tisch weinen und entscheidet sich nochmals in seinem Kuchen nachzuschauen. Indem er etwas näher am Boden stochert, fühlt er etwas mit einer vom Teig unterschiedlichen Konsistenz, etwas Härteres. George war ganz aufgeregt! Er schneidet seine Kuchen in zwei Stücke und nimmt sich einen Löffel voller Mandelcreme.

Und tatsächlich! Er findet dort einen kleinen König aus Porzellan! Die Glücksbohne soll demjenigen Glück und Freude bringen, wer auch immer sie findet. In der Hoffnung genau dies bekommen zu haben, steht George auf und läuft schnell in Richtung Treppe. Eins, zwei, drei, vier, fünf, sechs, sieben, acht, neun, zehn, elf und zwölf. Er schafft es ohne Probleme alle Stufen hochzugehen. Mit demselben Glück geht er auch wieder hinunter, er sieht seine Mutter mit Pflastern und Verbänden, die ihn mit Stauen und Freude anschaut. George geht nach draußen und rennt auf dem Eis. Ten Meter, zwanzig, dreizig, vierzig, fünfzig, sechszig, siebzig, achtzig, neunzig, einhundert. Er rennt wieder zurück, ohne Probleme!

An diesem Abend erklärt die Mutter von George und Antoine alles ihrem Mann.
„Ich habe Glücksbohnen in jedes Kuchenstück gesteckt. Ja, ein Bruch mit der Tradition, aber manchmal braucht es nur einen Placeboeffekt, um uns zu heilen. Unser kleiner Schlumpf ist zum Held geworden, und ich bin sehr glücklich darüber."
„Bravo Lise! Ich habe immer gewusst, dass du im Stande bist alles für unsere Familie zu tun. Ich hoffe wiederum, dass dir klar ist, dass nächstes Jahr sein Glück eventuell vorbei ist, wenn er nicht wieder seinen kleinen Porzellankönig findet", antwortete der Vater mit einem neckischen, jedoch liebevollen Lachen.

Im Leben ist es wichtig immer die gute Seite der Dinge zu sehen. Die Menschen haben nicht immer ein einfaches Leben, aber man kann aus dieser Geschichte lernen. Nimm dein

Leben in die Hände und kämpfe für deine Träume. Eines Tages wirst du deine magische Glücksbohne finden.

*1
Le petit déjeuner: „Frühstück" auf französisch. In nordamerikanischem französisch wird oft stattdessen der Ausdruck „déjeuner" verwendet.

2*
„L'épiphanie" oder Dreikönigstag ist ein französischer Feiertag. Es ist Tradition eine „Galette des Rois" an diesem Tag zu servieren. Dieser süße Nachtisch wird im Allgemeinen aus Mandelcreme in Blätterteig gebacken. In dem Nachtisch versteckt der Bäcker eine kleine Porzellanfigur, die Glück und Freude bringen soll.

*3
Benjamin: Das jüngste Mitglied der Familie. Dieses Familienmitglied verteilt traditionellerweise die Galette des Rois.

Verliebt in Venedig

1) Maria und Sandro, eine vergangene Liebe

Nachdem ich mich nach der Trennung von Sandro eine Weile mit niemandem mehr verabredet habe, fange ich nun wieder an das Leben zu genießen, und ich bin sogar noch inspirierter als früher! Nach einer zweijährigen Beziehung, als wir sogar von Ehe sprachen, ging unsere Liebe vor die Hunde. Vielleicht würdet ihr ja gerne den Grund dafür wissen? Ich werde es euch sofort erzählen!

2) Warum wir uns getrennt haben

Seine Eltern waren unsere Gäste im Haus, das ich an der Lagune von Venedig besitze, wo wir entschieden hatten, nach der Hochzeit zu leben. Sie waren seit drei Tagen bei mir und verbrachten Weihnachten mit uns. Am 2. Januar fuhren sie ab (Gott sei Dank!) und kehrten in ihre Heimatstadt Verona zurück.

Alles begann mit einem Streit, den seiner Mutter Paola angefangen hatte, die darauf bestand, dass wir in ihrer Stadt, in der Sandro geboren war, heiraten sollten. Sein Vater mischte sich in die Diskussion nicht ein und versuchte stattdessen meinen Blick einzufangen, um mir zu verstehen zu geben, dass er die Forderungen seiner Frau nicht teilte, wie er mir kurze Zeit danach bestätigte. Diese Erinnerung werde ich unter meinen schönsten aufbewahren, da ich verstand, dass er es ehrlich meinte und dass er in diesem Moment vielleicht auch gerne das Fenster geöffnet und seine Frau ein schönes Bad im eiskalten Wasser der Lagune hätte nehmen lassen.

Und tatsächlich störte der Streit die Liebesidylle zwischen mir und Sandro, der mich nicht in Schutz nahm (vielleicht wegen zu viel Liebe für seine Mutter) und mich sogar gescholten hatte, weil ich meine Stimme gegen seine liebe Mutter erhoben hatte.

Am folgenden Tag, als er seine Eltern nach Verona begleitete, wusste ich schon, dass unser Liebestraum geplatzt war. Ich irrte mich nicht.

Vielleicht von seiner Mutter getrieben, rief er mich drei Tage lang nicht an, und ich dachte nicht im Traum daran, es zu tun. Nach einer Woche rief er an, um mir zu sagen, dass es vielleicht besser für alle wäre, wenn wir alle unseren gemeinsamen Projekte beiseitelegten. Meine Welt brach zusammen und zwischen Wut und Enttäuschung zog ich mich in meine Einsamkeit zurück und schwor mir selbst, mich nie mehr zu verloben! Die Liebe zwischen uns war aus... für immer!

3) Eine neue Begegnung

Marco lief neben Claudia (seiner Schwester) und ihrem Verlobten (meinem Bruder). Wir gingen zur Rialtobrücke, um Claudias Abschluss in Jura zu feiern und er lud uns zum Mittagessen in ein Restaurant ein, in dem ein Freund von ihm arbeitete. Als wir eintraten, nahm er sofort neben mir Platz, den zwei Verlobten gegenüber. Er hatte einen Strauß roter Rosen und einen mit Alpenveilchen mitgebracht. Am Tisch legte er die Rosen auf einen Glückwunschbrief für seine Schwester und sagte mir sofort: "Und der hier ist für dich".

Nach dem Mittagessen setzten wir uns an einen Tisch in der Nähe des Ufers, um eine Tasse Kaffee zu trinken. Inzwischen war die Aufmerksamkeit nur auf mich gerichtet und wir redeten (mein Bruder vor allem) über das Scheitern meiner Beziehung mit Sandro und meine Wut allen Männern gegenüber. Da ich das Gefühl hatte, infrage gestellt zu werden, nutzte ich die Chance, meiner Wut Ausdruck zu verleihen, doch ohne zu übertreiben – auch um Marco nicht verlegen zu machen, weil er mir den Hof machte und ich hatte es vom ersten Augenblick begriffen. Und, um die Wahrheit zu sagen, freute es mich sehr.

4) Ein feiner und ehrlicher Typ

Inzwischen brach der Abend an und man konnte die ersten Lichter in der Lagune sehen, die das einzigartige Gewässer beleuchteten, das nur das schöne Venedig zu bieten hat. Es ist ein äußerst bewegendes Gefühl, bei diesem Schauspiel anwesend zu sein, nicht nur für Touristen, sondern auch für alle Venezianer, die in der Stadt leben. Für mich war es traurig, da ich an die Liebe dachte, die ich nicht mehr fühlte und glaubte, für immer verloren zu haben. Dann ging ich nach Hause, verwirrt aber glücklich.

Am folgenden Tag hörte ich die Türklingel und dachte, es sei meine Nachbarin oder der Briefträger, doch wen habe ich stattdessen vorgefunden? Marco! Er hatte einen Rosenstrauß nur für mich (blaue diesmal), war noch eleganter gekleidet als am vorigen Abend, und hatte eine andere Frisur (glatt mit Haargel). Diese Geste bewegte mich so sehr und ich zögerte nicht, ihn sanft auf die Wange zu küssen.

5) Der Abend am Lido

Eine neue Freundschaft mit Marco war entstanden, die (von meinen spitzbübischen Bruder und seiner super-sympathische Claudia begünstigt) uns eines Abends nach Lido di Venezia brachte, einem ganz anderen Ort verglichen mit der Lagune, auch wenn er geographisch dazugehört. Es ist der nicht touristische Teil Venedigs, d.h. wo der Großteil der Venezianer lebt, mit Restaurants, Diskos, dem Strand (im Sommer) und Geschäften wichtiger Modemarken.

Auch diesen Abend konnte ich sein Charme und seine Scharfsinnigkeit nicht leugnen: er erschien mit einer dunkelblauen Jacke und Krawatte und zwei roten Rosen, eine für mich und eine für Claudia... bald würden wir zum Abendessen gehen. Tatsächlich bewegte mich schon etwas und ich fühlte mich zu ihm hingezogen, doch ich konnte aber keine Worte finden, um meiner Freude Ausdruck zu verleihen – auch wenn meine Augen mich verrieten und er es bemerkt hatte.

Während die zwei Turteltauben noch immer am Tisch saßen, lud er mich mit einer Ausrede auf die Terrasse des Restaurants ein; als wir dort den Sonnenuntergang beobachteten, drehte er sich zu mir um, lächelte, beugte sich dann nach vorne und küsste mich leidenschaftlich. Seit diesem Tag ist Marco meine große Liebe.

6) Ein zauberhafter Tag

Das war der glücklichste Tag meines Lebens! Im Sommer wählten wir genau den Lido di Venezia für unseren Urlaub, da dies für uns ein wichtiger Ort ist, wo unsere Leidenschaft aufgeblüht ist und wir gefeiert haben, wo ich geweint habe (diesmal vor Liebe und Freunde statt Enttäuschung), wo wir zu Abend gegessen und am Strand Champagner getrunken haben, und nachdem...bis heute – wir heiraten in einem Jahr – alles vollkommen magisch gewesen ist!

Ein verpatztes Treffen

Während der letzten fünf Jahre, war der arme Lucas Single. Noch dazu, obwohl er seinen Bachelor in Marionettentheater abgeschlossen hat und er sehr professionell und gut qualifiziert ist, hat er nicht genug Geld, um aus dem Haus seiner Kindheit auszuziehen. Lucas lebt in diesem Haus mit seiner Mutter Bertha, seinem Vater André-Joseph-Robert-Sa'd und seinem Haustierigel, den seine verstorbene Großmutter ihm hinterlassen hat.

Aber Lucas hatte auch eine zweite Familie, die ihm wichtiger war als seine erste. Nein, ich rede nicht von Pateneltern, Sondern von seiner Marionettensammlung. Diese Sammlung besteht aus mehr als fünfzig Marionetten. Aber Lucas hatte einige Lieblinge, die er die ganze Zeit benutzte und mit denen er andauernd redete. Seine Lieblingsmarionette, ein Ebenbild seines Igels, war eine seiner letzten Herstellungen. Er mochte auch seine Marionette Sarah, eine Puppe aus Porzellan, die sich in alle Richtungen verbiegen konnte. Für Lucas, war sie so gemacht, denn in einem anderen Leben, war die kleine Sarah eine Olympionikin und Turnerin.

Trotz all der Liebe, die Lucas seinen kleinen Freunden schenkte, fand er, dass er nicht genug davon zurück bekam. Manchmal, während der Nacht, dachte er seine Marionetten sich bewegen zu sehen, um ihm verliebte Augen zu machen oder ihm gute Nacht zu wünschen, aber das war nicht genug für ihn. Eines Tages, kam ihn sein Freund Paul, auch ein Puppenspieler, besuchen, weil er etwas um ihn besorgt war.
„Lucas... nimm es mir nicht böse, was ich dir jetzt sagen werde, aber, ehrlich... du bist 24 Jahre alt und du hast dir noch keine Freundin gefunden. Die Marionetten, das fängt an zu weit zu gehen, sogar für mich!"

„Schau! Ich brauche niemanden. Ich habe bereits Sarah und all die anderen!"

„Sarah? Du redest schon wieder von Sarah der früheren Turnerin? Nein Lucas, sie lebt nicht einmal!"

„Soviel ich weiß, hat sie zwei Augen, zwei Arme, zwei Beine und einen Kopf. Nach meinem sehr fortgeschrittenen Biologieunterricht in der Grundschule, heißt das, dass sie lebendig ist."

„Meine Ratschläge kommen aus meinem Herzen! Schau, ich werde dir eine kleine Idee da lassen, du kannst damit machen, was du willst."

Paul reicht ihm ein kleines Stück Papier und geht ohne Tschüss zu sagen davon. Auf dem Papier war ganz klein und unleserlich eine Webseite und eine kleine Nachricht geschrieben:

www1.rendezvousdamour.org für Onlinebegegnungen mit der „Sarah", die du verdienst, Paul. Lucas wusste nicht wirklich was er tun sollte. Er wollte Paul zeigen, genauso wie all seinen Kollegen, dass er in der Lage war unabhängig zu sein. Auf der anderen Seite, wollte er auch ein neues Leben anfangen und sein Elternhaus verlassen.

„Was denkst du, Harry?" fragt Lucas seinen Igel.

Er antwortet nichts zurück, aber Lucas ist überzeugt gesehen zu haben, dass er ihm ein Augenzwinkern gegeben hat.

Ich denke, man kann ruhig den Schluss ziehen, um es auf nette Art und weise zu sagen, dass er nicht ganz beisammen ist. Aber um ganz ehrlich zu sein, unser Freund Lucas ist ziemlich verrückt.

Nachdem er sich ein bisschen Zeit zum nachdenken genommen hat, entscheidet Lucas sich dafür seinen Laptop anzuschalten. Er öffnet einen Browser und gibt die Webseite in die Adresszeile ein. Er ist dazu eingeladen sich ein Profil zu erstellen. In diesem Moment kommt seine Mutter Bertha in sein Zimmer, um ihn zu fragen, was er zum Abendessen will.

Lucas beeilt sich seinen Bildschirm zu verstecken, aber seine Mutter erwischt ihn dabei und fragt ihn, was er macht und warum er es vor ihr versteckt. Er weiß sehr genau, dass er ihren Fragen nicht ausweichen kann und dreht seinen Bildschirm, um ihr die Seite zu zeigen.

„Lucas, Lucas,Lucas, du brauchst das nicht vor mir zu verstecken!

Ich habe viele Freunde, die Profile auf Rendez-vous d'amour haben und ich habe ihnen sogar geholfen, ihre Profile zu erstellen. Sieh mal, ich werde dir helfen."

Unschlüssig, da er kein Profil mit seiner Mutter machen wollte, nimmt sich Lucas ein bisschen Zeit bevor er ihr den Computer überlässt.

Schließlich gab er ihr widerwillig seinen Laptop.

„Lass uns anfangen! Ich werde dir Fragen stellen, du wirst mir antworten und ich werde deine Antworten in dein Profil schreiben." sagt Bertha

„Erste Frage, was magst du?"

„Uh, ich mag Marionetten, Marionetten bauen. Bei Marionettenfestivals helfen. Mit Marionetten sprechen, eh, mit ihnen spielen..."

„Marionetten?" unterbricht ihn seine Mutter mit frustrierter Stimme. „Nein, ich kann das nicht hinschreiben!"

„Mama! Mein Profil soll mich wiedergeben, meine WAHRE Persönlichkeit."

Seine Mutter lacht: „denkst du wirklich, dass die Profile der Menschen echt und repräsentativ sind? Du irrst dich, Junge!"

„Ok, ok, was ich mag... ich mag ausgedachte Wesen, die nicht existieren, solche wie Einhörner, Drachen, das Monster von Loch Ness und nette Mädchen."

„LUCAS! Ich habe dich besser erzogen! Gehen wir zur nächsten Frage. Lieblingsessen?"

„Von essbarer Art"

„Du bist unmöglich! Hör auf, alles kaputt zu machen!"

„Ich bereue es nie, alles kaputt zu machen, Mama, ich bereue nur, dass ich nicht bestimmte Menschen mit kaputt gemacht habe."

Obwohl sie sehr unzufrieden mit dem Verhalten ihres Sohnes war, versuchte Bertha weiter ihm Fragen zu stellen.
„OK, eine einfache Frage, hast du ein gutes Leben?"
„Ich weiß es nicht, aber es ist besser als deins!" Lucas bricht in Lachen aus, aber versucht sich zurück zu halten: „Entschuldigung, aber es ist einfach zu lustig!

OK, eine letzte Frage und danach werde ich es dir überlassen alles für mich zu beantworten, wenn ich mir wieder zu viel Spaß daraus mache."
„Also gut, definiere dich in einem einfachen Wort"
„Einfach!"
„Das reicht!"
„Das war gar nicht mal so schlimm, Mama!"
„Mir ist das jetzt egal! Ich werde dein Profil zu Ende erstellen.

Nachdem ich mit meinen Freundinnen an ihren Profilen gearbeitet habe, weiß ich genau, nach was die Frauen auf den Profilen der Männer suchen. Ich werde dir ein spektakuläres Profil machen, mein Junge, selbst wenn du es nicht verdienst! Du wirst das bekommen, was du verdienst, indem du mich all das hast machen lassen, du wirst schon sehen."

Sie geht grummelnd, jedoch mit einem teuflischen Lächeln davon, als ob sie einen Plan in ihrem Kopf hätte. Einige Tage später, beschließt Lucas nachzuschauen, ob er Nachrichten von Mädchen auf der Suche nach einem Freund auf der Webseite bekommen hat. Er gibt seinen Benutzernamen und Passwort ein und geht in sein Postfach. Er ist überrascht zu sehen, dass er schon zwei Nachrichten von demselben Mädchen bekommen hat.

Hallo H1990284,
Ich kann immer noch nicht glauben, dass ich jemanden so perfektes wie dich online gefunden habe.
All deine Eigenschaften sind genau das, nach dem ich fast Wort für Wort in einer zukünftigen Verbindung suche.

Bitte, kontaktiere mich, damit wir und Treffen können.

Danke.

-F0083726

Hallo,

Entschuldigung, dass ich dir eine weitere Nachricht in so kurzer Zeit schicke, ich will dir keine Angst machen, aber ich habe es wirklich eilig mit dir persönlich sprechen zu können!

Lucas fühlt sich zufrieden und unangenehm zur gleichen Zeit.

Zufrieden, weil er denkt seine wirkliche, perfekte Sarah gefunden zu haben, aber unangenehm, ein Mädchen gefunden zu haben, die ihn wegen dem mag, was seine Mutter für ihn geschrieben hat. Er entscheidet sich ihr Profil anzuschauen, bevor er ihr antwortet. Sie ist 24 Jahre alt, wohnt nur 20 Minuten von zu Hause weg und interessiert sich für Theater. Es ist wirklich ein perfektes Mädchen für ihn, er antwortet ihr:

Guten Abend,

Ich würde dich gerne in den nächsten Tagen kennenlernen. Wie du möchte ich möglichst bald mit dir von Gesicht zu Gesicht reden. Würde es dir morgen passen?

-L

Er erhielt eine Antwort nach einigen Minuten: Ja, triff mich im Cafe 24 um 12Uhr fürs Mittagessen.

Am nächsten Tag, bietet Bertha an ihren Sohn zum Café zu fahren. Kurz bevor sie ihn absetzt, sagt sie zu ihm mit Stolz:

„Ich hatte es dir gesagt, das ich es wusste: das was meine Freundinnen gemocht haben, das ist was die Mädchen mögen. Alle lügen sowieso auf ihren Profilen! Ihr Alter, die Adresse, die Eigenschaften!"

Lucas bedankt sich und steigt aus, um das Mädchen zu treffen, welches er nur über ihren Nutzernamen F0083726 kannte. Er geht in das Café hinein und landet der besten Freundin seiner Mutter Sandrine gegenüber. Hinter ihm erwartet ihn die Stimme seiner Mutter:

„Siehst du, man bekommt immer das zurück, was man verdient! Hab viel Spaß!"

Sie geht lachend weg.

Printed in Great Britain
by Amazon